Aus fernen Tagen

Gedichte, die ich jünger schrieb

Gunther Zahn

Teil 1

Die Pflicht, sich zu wehren

kleines Testament II

Setz nicht den Fuß
in die
kalten Fluten des
eisigen Feuers!

Hüte des Flusses
gemächliche Bahn -
erfreu' Dich 'des Winters
eisiger Kälte!

Schwarze Tropfen
düstrer Leere
dringen ins Ohr;

umschmeicheln die Sinne
wie Sirenen
die Seele des
irrenden Seemanns;

zerfleischen Dein Ohr -
betören die Sinne
wie die Schlange ihr
Opfer vor dem
tödlichen Biss.

Hüte des Flusses
verwahrende Decke
todkalten Eises!

Bewahr Dir im Herzen
kosmische Helle -
wohlige Wärme an
bewohnten Gestaden!

Auf deinem Weg durch
die weiße
Kälte
der Wirklichkeit !

Kompanie rrrrrrrrrraustreten

In

Schwung kommen

Mir Gutes tun

Für mich sorgen

Treppenstufen nicht mehr

im Traum überspringen

sondern sich auf

die einzelnen Schritte

einlassen

Losgehen

Losgegangen

Wachtträume[1]

Lotsen wa(r)teten an Land
an des
schäumend Ufers Sternenstrand
/Kein
Leuchtgeschoss durchströmt
nunmeer[2] die stocke Nacht -
und ohne
Schlaf bleibt soo des schwarzen
Engels
Nebelhorn aufWacht   Doch
Verlass dich nicht auf
ungesehen Hoffnungsschimmer ! -   Dort...;!;   gibt's kAin[3]
Inseltraum   –   kein´ ((((insich)))
ab   geschlossen´
schutzumbrandet
sehnsuchtsvollen
Zwischenupherraum
Verschließe nicht – öffne ! -
die Augen und   forsch
ob ringsumher schon stehen   Türme
einsam weinEnd ....(?)!
Was immer
auch
im
Nebelschlammmmmmmmmmmmmmmmmmmm
in Austern
wohlverborgen liegt
:
Was dir Gerüchte   angesagt
Der Todesschreie
nasse   Botschaft
trügt   !

---

1   Zu Eckart Kleßmann:
„Zwischen Tag und Nacht"
2   Die doppeldeutige Ortographie ist stets auch im Folgenden kein
Tipppfehler, sondern inspiriert von Arno SCHMIDTs Bildern aus
der LEndlichkeit [sic]
3   quod erat demonstrandum

Ahle

die große Angst am ungewissen Meeresstrand
bleibt hier
verwachsen tief im sich´ren Port.

In allen Masten,
die schon manchen Sturmwind
verachtend
ächzend sich gebeugt,

wirkt die Zukunftsahle die Hoffnung
gedanken-
zurrend
rücken-
schweißend
ein

und

am andern Ort wird neuer Segelwind
von nächtlich Händen
unermüd´ gezeugt.

Variationen

I

Deine Augen wunderbar!
Deine Tränen sorgenschwer!
Hab ich getrunken,
durstig gar,
aus deiner Tränen
Sorgenmeer.

II

Aus deinen Augen wunderbar,
Deine Tränen sorgenschwer,
Hab ich getrunken, durstig gar,
Aus deiner Tränen Sorgenmeer.

III

aus deinen augen wunderbar
hab ich getrunken
durstig gar
aus deinen tränen
sorgenschwer
deiner tränen sorgenmeer

IV

Aus deiner Augen wunderbar,
Aus deinen Tränen sorgenschwer,
Hab ich getrunken, durstig gar,
Deiner Sorgen Tränenmeer.

Robinson

Tosende Wogen

an fernen Gestaden

zerstoben

in göttlichen Locken,

mit schäumender

Gischt.

Dorthin treib mich,

Argo des Lebens!

Doch Sturmwind

des Todes

Verschließe mir

Nicht

das innere Sehnen!

Sonst bin ich

nicht Freitag,

nicht Meister,

der eigenen Insel.

Sommernachtstraum

Zur Ernte war ich im Süden
und half den Menschen auf
ihren Feldern.

Ausgelaugt und müd,
die Kleider von Flicken recht bunt,
saßen abends gebeugt die
Körper am Ackerrand.

Doch war keiner betrübt,
denn nach uralter Weise
summten sie leise,
doch sangen auch laut

von Frieden und Eintracht,
von freundlichen Tagen -
vom glasklaren Weine, der
müde Glieder am Abend erbaut.

Bald war ich bei ihnen bekannt -
ein Freund unter Freunden -
von allen geliebt,
bei allen geachtet -
tat mir keiner ein Leid.

Wie war ich doch damals
bei der Arbeit erfreut.

Bei der milden Sonnen Schein
bleibt mir nunmehr nur
Sehnsucht.

Denn
glaube ich kaum,
ich könnte dies,
hier in der Heimat,
jemals erleben.

War alles nur Schein -
ein sehr
schlechter Traum

Der Eisverkäufer

Lichter blinken, Musik erschallt,
buntes Treiben ringsherum -
Jahrmarkt, Rummel, Schützenball,
Kinderlachen, Liebespärchen -
nicht vergessen Bierkonsum,
bis daß das Portemonnaie ist leer.

Einem ist dies längst zu dumm -
lachen kann der Mann nicht mehr.

In seiner Bude sitzt er stumm
mit dicken Schals um seinen Hals
und drei Decken auf den Knien.
Er – schon lange -
nicht mehr lachen kann.

Ums Herz da wird's ihm kalt,
wenn Kinder froh vorüberziehn.

Vom Scooter dröhnt der Schlagerschmalz.

Der Regen strömt hernieder
auf das lust´ge Volk,
das ganz modern,
doch – ach – so bieder,
zur neuen Technik quellt.

Der Alte seine Pfeife raucht -
hinter ihm schon lang kein Hund mehr bellt.
Ich seh ihm zu und denk:
verbraucht.

Nachtgedanken

Steh ich hier am offnen Fenster
rauche in die Nacht hinaus

Weißer Finger brennt bald ab
rote Glut wird asch und grau

Meiner Freiheit Nebelschwaden
fädeln durch der Kälte öhr

Doch der Sterne Gottesglitzern
freut sich auf des Feuers Tod

Mondnacht

In des dunklen
Mondes Bronzeglanz
Da die Hast des
Tages dämmertrunken
Im Silberkelch
Des
Herbstthauthales
Entwichen ward
Sah ich
Götterfunkeln´
Mondenschein
Des Königs Tochter
Elfenkind
Irr Lichttrunk´

Wirklichkeit

Ich schaue in das
    rachende Gähnen
    meines Rasierspiegels
und
    erkenne mich nicht

Ich höre mich morgens
    mit anderen
    unterhalten
und
    erkenne mich nicht

Ich spüre mittags meine
    wunden FüSSe[4] in
    den schwarzen Stiefelröhren
und
    erkenne mich nicht

Ich liege abends wach
    und
    spreche im Traum -
Ich
    bin der Alte geblieben

---

4   Alle Texte wie damals verfasst in der alten deutschen Recht-
schreibung. Wenn scharfes ß nach kurzem Vokal als Doppel-SS
geschrieben wurde, so geschah dies damals schon mit Absicht.
Zumeist ob der assoziierten Macht / Gewalt als „EsEs" [sic]
(Siehe auch Seite 3 „tödlicher Biss")

herbstgewitter
Was müssen das
für Berge sein
über die die
wolken der
erinnerung
gewittern ihre
stürmisch nasse
botschaft
donnergrollend
blitzentladend
vergessen!?!?

Durch die Wüste

Ach wenn
doch wäre
nicht die
Müdigkeit
der arme, Schlafend
.... HändeArbeit last

          und deines Antlitz´,
               Sonne,
          tödlich Freudenschimmer
          des
          Hirnes Kerkers
          mir

- die MaueRn
  niederreissend -

          heut noch
          öffnen würd!

Was könnt ich geben
allemal ? dafür

          zu sehen,
          deiner wundersamen
          klar und hellen Worte
Und ich,   leuchtend schein (?) -
Der durstig
im Oasenschatten weilt
doch wieder gleich
nun
    Ab Sofort
        durch MittagsGlut der
           Wüste
             weitereilt -
Der kühlen Schatten gar
am köstlich
klarem Quellgemäuer,
duftend Brunnenhain,
      im Tausch
      für
      jenen   Flammenschein,
           der Liebe hell
veracht und   erleuchten ließ,
wohl
des Schattens kühle dankend
gar enDbehren tut

narbenherz

unter eiterbergen traumspiegelt

& versiegelt

feurigglänzend quillt wider vor

was vormals streng behütet wahr

in mutterschoßig tiefe

liebkost noch immer ein

flammend schimmelfaden

des traumes süße bitternis

von dünig sediment

sanft ummantelt

schreiten ritter

traumumspiegelt

in die finsternis

hier sich widerspiegelt

was begiert

vergittert hinter

schweigewänden

schmerzbekümmert

endloslang

verwittert

Schnee*sturm*[5]

Die See ist zerwühlt

Die Sicht reicht nicht aus

Wohin geht die Fahrt

In den

Oder aus dem Hafen

Egal

Denn das Schiff kommt gegen

Die Strömung nicht an

Doch

Treiben lassen

Tut letztlich mehr weh

Als das Dagegenstemmen

Schmerzt

---

5 zu: J.M.W. Turner
„Snow storm: steamboat off a harbour´s mouth"

Frei

Verharre nicht hinter deinen Gittern

Alle Mauern sind selbstgewählt

Du halfst mit beim Verputzen

Wer in seiner Zelle bleibt

Ist selber schuld

Die Türe hat keinen Schlüssel

Stoß sie auf

Sie ist nur angelehnt

Zwar:

Reiß´ein die Häuser

Die Du eben durch dein Fenster noch sahst

In ihnen harren andere

Doch:

Warte nicht

Bis deines als letztes noch steht

Niemand

Reißt es ein für dich

!

Hier & Jetzt

Bleibe weiter in der

Realität !

Fordre

das ,

w as dir zusteht !

Doch warte nicht mehr darauf !

Handele zwei

gleisig !

Mit geschlossenen Augen ruh´n

Hoffe !

Vor allem auf dein

eigenes Leben.

Lebe & freue & liebe !

In jeder Schwärze

gebären sich Welten aus hellstem

Weiß der gleißensten Helle.

Und werden sie wieder

zur Nacht

-

wen

sollte das ängst´en ?

Sie

entstehen ja wieder,

gebären sich selbst: :

sprünkelndes Weiß.

Der Standort auf dieser Kugel

Leben geht unerbitterl*i*ch weiter.
Fordert
Das Tragen von Schmerz,
Das Fällen von EnDscheidungen.

Schmerz erwächst einzig
Aus der Unfähigkeit,
Sich zu entschließen.

Nicht verlassen sein,
Geliebt werden,
Glück
Sind die Barken der Verzweiflung.

Wer sich entscheidet,
Ist nicht länger un glücklich,
                                    traurig,
                                    mutlos.

Ein Ziel transhorizontale
Lockt.
Es ist auch dem Zweifler
Immanent.

Die Position bestimmen ist die
Einzige
Schwierigkeit.

Triebfeder kann sein:
Das Leben nicht sein lassen
                        zu wollen.

FrühStücksBraun

Ein schöner Morgen.
Gut zum Aufbruch.

Bereits ausgebrochen,
losgehen.
Zufrieden mit dem,
was kommt.
Ruhig mit mir selber.

Ein schöner Morgen!
Bald wieder vorbei -
das macht nichts;
es kommen weitere.

Es gibt Tage,
da kann ich
meinen eigenen Schiß
nicht riechen.

Doch ich nehme es als das
Rauslassen des Schlechten,
das ich überwand -

losgeworden schließlich
dank Espresso am Morgen:
ein frühes Stück Braun.

Hinter Haß & Zorn
ziehen wir uns zurück,
um nicht zerstört zu werden.

Kalter Krieg

Dadurch aber erst
zerstören wir und
machen gegenseitigen
Schutz notwendig.

23

Matthäus 27;46

Lukas 23;46

Der Eine:
Zweifelnd – verzweifelt,
aber er schreit zumindest.
Der Andere:
Brav – rechtschaffend,
aber er sagt zumindest etwas.
Der Nächste:

selbst
ans
Kreuz
genagelt
schweigst
Du. Es gibt dabei doch nur
zwei Möglichkeiten. Die Chancen
stehen
50 : 50
Dein
Ver
stummen
gibt
Dir
die
Ge
wiss
heit
des
Ver
lustes.
Wenn`s
dich
beruhigt,
bleib
hängen,
Lattencharly!

think positive

Mehr Licht
mehr Raum
mehr zeigen

                  Ich

der Weg ist klar

Lust
          Bewegung
Mut
          Sicherheit
Ruhe

                welch Unsinn,
                Modelle zu denken
Mißachtung
Unverständnis
Lebensangst

Ich habe nur dieses eine
                Leben.
Das ist kurz.
                So kurz -
wie oft könnte ich mich noch
im Kreise
          drehen?

Ich aber will gehen,
gar nicht geradliniig,

                aber gehen will ich -
in eine Richtung.

Die ist vorgegeben.
Schon so lang – Ich brauche
                nur
                die Zeichen
erkennen.

Blick in den Spiegel

In dein Gesicht
Dein Leben
Eingegraben so tief
In deinen Körper
Wenn er nur will
Kann jeder dich lesen

Ich hab´ dich verschluckt
Dein Bild werd ich zerreißen
Speien wieder
Dich aus

Und wieder neu dich schauen
Und endlich
Endlich anfangen zu fragen

Offen sein für die Antwort
Nehmen die Hände
Wieder fort vom Gesicht
Daß Du mich erkennst

Da beschlägt der Spiegel
Und du verschwindest im Nebel

                  fort

zuheißgeduscht

Jahreslauf

Die Gefühlskälte

       im Winter.

Der Aufbruch der Erde

       im Frühjahr.

Die Aussaat der Hoffnung

       im Frühling.

Das Aufkeimen von Illusion

       im Sommer.

Die Trächtigkeit der Einsicht

       im Spätsommer.

Was folgt ist die Ernte der

       Erkenntnis

       im Herbst,

der jetzt

       beginnt.

„Ich" (ein Spickzettel)

Achtung
      Verständnis
            Offenheit
                  Mut

Bereitschaft
      Bewegung
            Wärme
                  Kraft

Klarheit
      Verständigung
            Annahme
                  Ehrlichkeit

Sensibilität
      Verantwortlichkeit
            Nähe
                  Wollen

Begehren
      Wut
            Leidenschaft
                  Geben

Ausdauer
      Gelassenheit
            Biss
                  Neugier

Demut

Hier & Jetzt II

z
u

k
e
i
n
e
r

a
n
d
e
r
e
n

z
e
i
t

i
s
t

e
s

m
ö
g
l
i
c
h

Leben im Hier und Jetzt

Wie lange sehnte ich mich danach und wäre doch ständig möglich gewesen. In allen Dingen, die uns umgeben, stehen alle Wahrheiten unseres DaSeins als Mikrokosmos. Alle Orte, die wir erreichen können, genügen, um uns selbst zu treffen, denn überAll kann jeder lesen, was ihn betrifft. Die Horizonte verschwinden im Nebel der Erkenntnis. Durch den fährt die Fähre der Sehnsucht, vorbei an Riffen; die tauchen auf vor dem Bug wie ein Gefühl. Und in jedem AugenBlick kommen wir an, denn wir träumen ja nicht; bewegen uns in der Wirklichkeit. Es gibt keine andere, keine andere Wahrheit, kein Land der Träume, auch im Traume bin ich hier. Solange der Seemann im Hafen harrt auf sein Schiff, das ihm die Sicherheit der Überfahrt garantiert, bleibt er dort hocken, spähend und zweifelnd. Armer Jason. Erbärmliche Argonauten! Dabei: Wie schnell verfliegen die Ängste, wenn der Hafen (so ScheinBar sicher, dieses Gefängnis der Geborgenheit) ersteinmal hinter ihm liegt. Wer sich bewegt, braucht nicht auf Erlösung zu warten, er besitzt sie schon.

19 Jahre

Diese Reise

ist noch nicht

zu Ende.

Ich bin

gerade erst

aufgebrochen.

Das ist gut!

Ich bewege mich

sicher – nichts

kann mir passier`n.

Wie schön doch

die Welt ist!

Ich bin ein Theil.

Welch lange

G

  e

   b

    u

     r

      t   !

Wo aber bleibt die Mimik?

Die Natur der Gestik verleidet
mir den Gebrauch von Gesten.
Sie sollen zum Ausdruck bringen,
was in uns an Gefühl da ist.
Wenn aber Gefühl wirklich gelebt
wird – und empfunden! Wird es auch
von allen, die dafür empfänglich
sind – gleiches fühlen – auch
empfunden werden.
Keine Geste kann die Empfindung
ersetzen oder erzeugen. Also
sind Gesten nicht nur überflüssig,
sondern auch schädlich, denn sie
verschleiern durch ihre Auf-
dringlichkeit die Offenheit des
Gefühls.

auf dem marsch

Durch blätterdünnes grüngewirk
webt strahlend
weiße heißer
gottestränen
schweißt buttertrunkner männer
dunst tangent befleckter
uniformen
freut sich schadenlächelnd
staubdurchtränkte
trunkenheit vergälter
feldfliegen
unser zug befehlter
nummern
schleicht schlurfter
füsse über
ewig junge todeshalme
blasser heidesoden
insekten schwirren
summen witzelnd über
roten puterköpfen
junger kämpfer

Besitz

Meine Traurigkeit gehört mir.

Niemand soll sie mir nehmen.

Niemandem will ich begegnen,

damit er sie mir nähme.

Der erste Schnee

Der erste Schnee ist gefallen.

Die Leute bewegen sich gelassener.

Durch die Straßen quellt nicht

mehr die Nervosität derer, die

die letzten Tage der Kälte zu

entrinnen versuchten. Der Schnee

Macht die Kälte zum `Winter´ -

„ …….. dann is´ja gut …...".

Das ist so typisch: das Siegel

des Offiziellen legt sich über

die Schals der Städter und läßt

sie wieder gleichgültig werden -

diese Chance verpasst!

Teufelshexen, von denen ich träume

Den Erträumten
gilt mein ganzer Zorn.
Sie verdunkeln
allabendlich die Sonne
und gehen nicht fort.
Was aber wäre ich
ohne sie?

Frei, Du Arsch![6]

---

6   Ursprünglich: Frei, Du Idiot! Danach Rotarsch (schien mir dann
     aber doch zu anbiedernd an den BW-Jargon [=Soldatensprache?])

Was ich will

Was ich will   (was
                             ich
                             will   )
ist nicht viel :

- Bewegung   /   Lust

- Befreiung von   /   Freiheit des
  den Elteren   Gewissens

- Wissen   /   Sicherheit

- Sexualität   /   Wärme

- Wärme   /   Geborgenheit

- Ohne   /   Klarheit
  Kopfschmerz
  sein

- Ehrlichkeit   /   Klarsicht

37

Jurameer

Versteinerte Gespräche
Ausgestreckte Arme
Auf der Brust verschränkt
Abgesägt
Langsam mit stumpfer Klinge
Ein Kiesel
Sinkt zum Grund
Wird fortgerollt
Zum Meer in
Tiefes Schwarz
Der Druck des Todes ist
Nicht stark genug
Solange noch ein
Minimum
An Bewegung existiert
Die aber ist Narretei
Wir sind Fossilien
Einstiger Wünsche
Nach Gefühl

Ostern[7]

Der Turm.
Sandsteinfelsen im Häusermeer. Obenauf die
zweietagige Insel. Der Traum von der Südsee
erfüllt mitten in der Stadt. Von hier aus ständ´
ich über den Sorgen der Menschen: Ameisen
im Gewimmel ihrer Geschäfte. Ich kam an
keinem Freitag. Hier oben Hoffen auf eine feste
Ummauerung des eigenen Lebens. Dieser alte
Inseltraum, der altersehnte Zwischenupher-
raum. Und die Luft bliebe frei von den Stimmen
der neidenden Nachbarn.

---

7   Den zukünftigen Studienort mit Stadtführung besucht: Im rechten
     Turm der Johanniskirche in Göttingen: die Wohnung des Türmers
     – erstreckte sich über zwei Etagen. War bewohnt durch zwei
     Studenten – um einer der beiden sein zu können, hätte ich aber
     Theologie studieren wollen müssen.

Sommer GvD

Es gibt keinen Grund,
Meer, traurig
zu sein.

Also ebbe nicht so traurig!

Flute die Siele,
sie sind bereit-z
gefüllt mit Salz!

Dies ist der Schoß
des geliebten Landes,
das es zu
durchspülen gilt;

und schon geht's los -

Brecher
         auf
              Brecher
zart
      &
        vehement.

Beförderung

Eine Richtung
Ein Ziel
Sichere Schritte
Nach   Ein   Ander
Gesetzt
Nichts   reicht   nicht
Alle Geschwindigkeit
deckt sich
mit   dem   tat
                    sächlichen
Fort
     kommen
   An

41

Quadrophenia[8]

Die Träumer stürzen stets
denn sie fordern
vom Leben
immerwährendes Glück.

Geben sich nicht zufrieden
mit den kurzen
     erkauften
- zu teuer bezahlten -
Momenten des Da-Seins:

Wir sind Bauherr´n
ohne Haus.
Die fernen Schlösser der Luft
rissen wir nieder.

Auf der Ebene
der Geschäftigkeit
bleiben wir un -
     behaust.

Komm schwarzer Nachtvogel!
Vogel der Nacht, komm!
Ich bin bereit.

Lautlos wie Du,
gleit´ ich über der Stadt.

v
o
n
d
e
n
K
l
i
p
p
e
n
,

---

8   Film über Mods versus Rocker in den 60ern – mit Feldwebel
Klinger und....??? nach Dienstschluss in Wunstorf geschaut – oder
war es in Hannover. Hatte Wunstorf je ein Kino?

Ohnmacht

Durch Wellen der Lüfte -
quer´ Wogen des Himmels
steigt
meine Seele
zum Nordstern empor.

Bleibe am Leben -
Adler der Lüfte!
Breite
die Schwingen
zum Schweigen hervor!

Und stürz´ ich hernieder
auf trostlose Erde
Funkeln
die Sterne
der Schwärze hervor

was ist nun Wahrheit?
Was ist denn Trug?
All´ was ich liebe -
lass nun ich zurück.

GaLeere der FreiHait

Wo ist es -
mein
weißes Schiff der Ferne ?
Wo bleibt es?
Die
starke Argo der Meere ?
Wo bist Du?
So steh ich
am Strande
und
spähe nach
Wogen an
fernen Landen.

Das Leben

Morgens steigt
neuer
Dunst über Thalhänge
der Wirklichkeit

-

Abends sinkt
alte
Klarheit über Mauern
des
Schweigens.

Meine (wirren?!) Gedanken

Durch der Ohren
Höllenschlund
sprießt der keimend Samen
lebenswartend
vielbegierend
über endlos lange
            leere
                Treppen
                    stufen
braust des Meeres   hin /
Wogenschaum
auf den
Klippen vergessener
Erinnerung
-
schäumend´ Wogen
lachen Helle
        hallen lachend
in der
Black Box´
Nerventhal /

Ach – seufz ich sehnend
auf den Tag
sehn ich seufzend
voller Gier
auf jenen Tag,
da
deine Hände
mir den Schädelkerker
brechen -

Krachend Sonnen
strahlen mich um
spülen -

Flattert, blinkt -
vergeht
mein Leben /

Ich warte !

Land unter

Manchmal - wenn
        der Strom, der mir Leben ist
        versiegt

Manchmal - wenn
        mir die Feder in der Hand
        gefriert

Manchmal - wenn
        der Deich die Fluten nicht mehr
        hält

Manchmal - wenn
        Land unter – mein Leben wüst mir
        ist

Manchmal - wenn
        der Dieb der Träume in die Nacht
        einbricht

Manchmal - nehme
        ich die Ruder meiner Freiheitsgaleere -
        steche in See
        zum Geheimnis der
        Ferne.

Manchm

Totemwache

Kachelhöhlen
röhren echern
über dumpfe
Seelen hin -
Weiter zieht
der   Götzen
     Dienst
über lange
Wochen hin -

       Klagen bleibt
       nur
       für die Starken
       die skelett
       den Kampf beginn´

Politik

Nehmer geben Nehmern
Geber   nehmen Gebern

      Arbeitnehmer
            gebt dem
      Arbeitgeber
keine Arbeit
      zu vergeben
  an Arbeitnehmer

      Arbeitgeber
            geben dem
      Arbeitnehmer
keine Arbeit
            brauchen nicht
      zu nehmen
      Arbeit
von Arbeitgebern

Kleines Testament

unter der schützenden decke
des eiskalten eises
sprudelt noch immer
ein nie versiegender
springquell
tidenhub über atlantis
die erkenntnis
uralter greise
zu zerknittertem pergament
geschrumpft

zerfallen´ haut

in gebrochenen augen
funkelt
noch immer
eisige enDschlossenheit
mit der sie einst
hinaussprangen
in die sphärische weite
mystisch verklärter
götterdämmerungen
zu greifen nach dem
schwarzen stein

gebrochenes echo
der königskrönungen
türme der kathedralen
läuten hinaus in
die weite leere
schwarze wüstenei des todes
feurige glut in
königlichen augen
unerreichbar doch
unter der schützenden decke
des kalten eises
sprudelt noch immer
schwarze süße
uralter träume
sirenen für die seelen
verirrter odysseen

ganz nah mußt ans
ufer du treten
stets bedacht
nur den fuß nicht
in die kalten fluten des
nie verlöschenden feuers
zu setzen
nur schwach
kaum lässt ein uralter
gefügig geschliffener
kiesel am grunde
den trägen gleichmäßigen
strom einige tropfen
seiner tödlichen last
dem lauschenden
ans upher spritzen
nur schwach
erbeben die sinne
vom rauschen der flut

hütet des flusses
gemächliche bahn
erfreut euch an des
winters eisiger kälte
die deinen körper auszehrt
doch
 bewahrt euch vor
der schwarzen leere
der finsternis
botschaft
vergangener zeiten
des lichts und der wärme
für die fährleute
auf dem strom des todes

schwarze tropfen der düsternis
unscheinbare schemen
schwarzer leere
dringen in dein ohr
umschmeicheln die sinne
wie sirenen
die seelen
verirrter odysseen

doch kehre zurück in die
kälte des winters
spüre den schmerz
kehre zurück in die
schneebeglänzte kälte
der wirklichkeit
schwarze tropfen der düsternis
unscheinbare schemen
schwarzer leere
zerfleischen das ohr
betören die sinne
wie die
schlange ihr
opfer vor dem
tödlichen biss
weiße kälte der wirklichkeit
düstre leere der finsternis
wüstenei des todes
süßlich lockend schimmernder
nibelungenhort
mondscheindiamanten für
flößer
verlorener seelen auf
dem strom der finsternis

fort fort
die wahrheit liegt überall
doch hütet des flusses
verwahrende decke
des kalten eises
bewahrt in den herzen
kosmische helle
eines sonnigen spätnachmittagshimmels
über goldenen feldern
überreifer ähren
abendrot über blauen
flußläufen
wohlige wärme an bewohnten gestaden
licht in der heimat der menschen
auf eurem weg durch
die
weiße kälte der
wirklichkeit

Meiner Taschenuhr

Gekauft habe ich mir - :
eine Uhr.
                warum ich
keine trug, hatte ich bis
eben noch
ge   recht fertigt : kein
Sklave des eigenen
Handgelenkes,
immer aufwendig wendig
und flink zu seyn.

Ohne Limit sich bewegen;
schwimmen
im Strom der Zeit, -
un   er   messlich!

Doch zuviel Zeit
verstrich mir ungetan vertan :

So nun ans Gängelband
gehängt und
nicht gekettet, die
neue Uhr, so hoff´ ich.

Um meine eigen´Grenzen
selbst mir abzustecken
und
einzuhalten ; - :
wer nicht die Zeit für
Pausen braucht, braucht
keine Pausen -
so gönn´ ich mir am
Abend wohlverdiente Ruh´ :

Ruhe schaffende Unruh´
im
Chromargangehäuse
für 100 & 7 Mark
mit
1 Jahr Garantie.

Das steinerne Herz zerfließt

Dreigestirn[9] funkelnder Sehn-Sucht
nächtlichen Hoffens im Mondlicht
meiner Einsamkeit:
Niemals soll die Sonne aufgehen
und doch erfleh ich ihre
wärmenden Strahlen unter
feierlich
gerötetem Morgen.
Wer ist der Thau im Dorne ?
Wer wird mir kühlen
die Hitze
durchfrorener Nächte ?

Welk wird das Laub im
hellsten Frühling.
Vergehen wird ein anderes
Stück meiner Selbst in
geknickten Halmen
der verbleibenden Blüten

und es wurden vier
und war dadurch
wieder eins

und Assuan bricht
doch und endlich
und Barken zerschellen in den
Pfeilen des Schilfes – zu
spät die Reue
sich
nicht dem ersten Stern
gleich zu Anfang
anvertraut´ ´ !

---

9   Die Nacht durchwacht : Mars, Venus, Saturn und später Jupiter
    erscheinen am Nachthimmel und gehen wieder unter.

nonverbales

schwarz
ins codierte Schlottern
end f(l)euchtete der
dunkele
NaturTOn

Über dem
Pfurz
hielt sich noch eine
letzte Schwad_ron
rheinen Äthers stürmt
die Bastille -
bald wird
Sie
phallen .

Die Seele steckt täglich
in der Hose
wogegen das
Herz nur ab &
zu an diesem
Gast freundlichen
Orte weilt

Kotierung
?   !
das sind alle meine
nonverbalen
nonvokalen
Ver Äußerungen
doch wer ?   wird
dafür (!)
bereitzt   was zahlen ?

Und es ist Zeit

Und es ist Zeit zum Fahren,

denn :

wenn der Schnee hier oben

in der Eisigkeit des Nordens

geschmolzen ist,

stürzt die Schmelze

ins Meer der Seelen

Schere im Kopf

Eine Narbe wird bleiben.

Eine Spinne
fängt mir
kleinmaschig die
Gedanken fort.

Haare laß ich
verdecken die Stirn
und stechen
schmerzend
zwischen die Augen.

Dort stolziert
das Leid
des
Zagens.

Durch die Nase keine
Luft,

Sprechblasen zerplatzen
im Rachen – zerschellt am
geschlossenen Gitter der Zähne.

Die Wirbel verklemmt
durch eigene
Halsstarrigkeit

Altes Bild an neuer Wand

gerade eben die Treppe gebäugt raufgeschleppt meine
80 kilo – von draußen durch Himmelsfrühlingsblau des
von Salz erschmolzenen Schee/Matsch´ - nicht
Dezember-
Weiß. Die Heuwenderharke des Haarponies
kopfschmerzend in der Stirn ... da!:
Braunverpacktes RechtÈck auf dem Tisch des GvD.

Freude im Herzen
                    (Nicht mehr &
                    nicht andere
                    Attribute fielen mir zu):

Nachgeschickt mit der guten alten Post von den Eltern.
Selbst-Portrait mit Schild & Schwert mitsamt Nagel –
gezogen aus der heimatlichen Wand des vertrauten
KinderJugendzimmers zur freundlichen
Neuverwendung auf Stube.

Nun hänge ich dort in der weißen Weite der
Wirklichkeit.   wer ist Du
                       was bist das ?
Ist es Deine Gestalt? (Bist Du es gar selbst?), die auf
den langen Holzbrettern, die mir aus
Kindheitserinnerungen – dem Omaboden unterm Dach;
sorgfältig für den Holzbock aufgehangen waren, an
denen Erinnerungen gleichwohl (Wer versteht diese
Vokabel noch?) hangen, die eine Wi( )derverwendung
sich verboten ließen, - durch die Weiße, die mich mein
Fadenrot verheddern läßt, ...:

!Die Weiße sternenklarer Polarkreisnächte!
..... deinem Ziel geradlinig entgegenflieht
     (wie leicht sagt sich das - : solch Wort)
Keine Attribute der Macht in der Leupe
mit sich trägt – nur (?! - !) wohl gewappnet
ist,   was
        ich wohl
        nötig habe.

                                        Doch der
                    klare, nach
                    vorne schauende,
                    sich nicht beirren lassende,
                    nie verwirrende,
                    nie verirrte,
                    suchende und doch schon
                    wissende,
                    ehrliche und aufrichtige Blick
läßt mich dich   er   Kennen.

Und es ist Zeit zum Fahren,   denn :
                              wenn
                              der Schnee hier oben
                              in der Eisigkeit des
Nordens

                              geschmolzen ist,
                              stürzt die Schmelze
                              ins Meer der Seelen.

Übungsschlachtfällt[10]

6 x   Phallen stetig steigend
        aufGericht
        ins
        himmlisch wolckend Reich Azurs
listig schleichend Axolotl
        steht
        beReiz schon abseits
        im Gebüsch.

6 x   Fallen, emsig steigend,
        Stahlgehelm olivgetarnter Vater-
        scham : Zündung
        herer Männlichkeit
glitschig gleitend`Axolotl
        phällt
        bereitzt schon abseiz
        ins Gebüsch.

6 x   Phallen -
        stählern steigEnd vorGericht, der
        wahren Lust entge´gerichtet
noch liegt Thyroxin bereit,
        beiseits im Gebüsch.

---

10   Zu Seite 36 der POEMS von Wolfgang Zeitler
       (Fotosequenz einer Luftabwehrraketen-Stellung)

desmOndes

stoßt hinein

zerrt zurück

kehrt hernieder

krächzt herbei

des Mondes

mieses

Muschellächeln

!

Im Land der Träume

im land der träume
rosenbäume schmiede
eisern einbegrenzt

tränenregen regen
bogen farben
garben   sonnum
glänzend
eingehüllt

des flusses ängstlich
stau doch mutig
niederfall

in klippen furchtbar
eingekifft ver
alleinsamt falten
wassertropfen
miriaden schillernd

auf sehnsuchts
blüten rosa
nieder

Fensteröffnen

Nachtschnee
beinah gänzlich wieder abgetaut
da wird vom Regisseur
seitwärts weißes Flocken eingeblasen
und strudeln im Rhythmus
meiner Morgenmusik
auch wieder aufwärts
so leicht sind sie und
vertiefen im kahlen Geäst die
Empfindung des Raumes
so er sonst sich nur
präsentiert ` in Fernen verlierend

Jetzt fliegen
als winzige Flockengröße in
diesem Kontinuum -
                          - SagenReich !

Fahrradfahren

Ablenken in
den Waldnie
mit dem
Fahr Rad   ,   Stadtdessen
Auto
lengrat festinder
Hand,

den Blick
stets auf
As-phallt   ge
richtet :
                N
vor der   a
          s
             e
nur
Beton
   Beton
       Beton
      A
          s

              f

          a

          l

          l

          t

Barken

Die kleinen

Zeichen des Lebens

       auch Notsignale

zeigen an

daß die Fracht noch nicht

vergangen ist

Die Trümmer sammeln

um der

Zeit sich entgegenzustemmen

die Verinnerung frisst

wie Meere den Seemann

Mond
(KleisterOnkel, Diätmeister, Vom-Rande-Gucker)
über MuSch El StrÁndt

rostig drahtend

abge stachelt

nie dergetreten

weg gezuscht

rostend alter

Hinder – Draht

rostzersetzend

Rost zertreten

Himmel klar liegt

vor mir

unten

schwarzbebrandet

sehnsuchtsgrenzend

salzig trocken

sanidg meerig

muschel gischig

:

der Strand

Fjord

im Sturm getrieben
gegen Wind, mit Wasser auf den AugenGläsern
dort
wo der Sand des Meeres durch
Lebens-Raub-Gemeinschaften zu Schlamm wird
wo der Schlickwurm erstickt
der Strandschlamm unterschlämmt
               und   -spült wird
von der zögernden Gewalt des Meeres
- noch ! -
denn hier :
              kein´ Tidenhub meer kennt
Seeigel versteinern angesichts des
Schreckbildes
der Zeit (die fließt hin ins Mehr, das
             Fossilien umfaSSt und
             dem Bernsteinsucher in die Hände
             schwemmt)
             Schwämme
enDwurzelt im Grenzland ihres Lebens
das kAin Schweben
gesaugfußt waHr – angekettet !
Die im kurzen Glückszustand
des Treibens
Ziellos im Fruchtwasser der MOndnacht
den sichren Tod an dessen Rand gewahr sein
mussten
             und doch
             und deshalb
jedes Lager spürten – gierig
in sich sogen
und ....
      .... lächelten.

Zugfahrt

Sonntag – abends, wenn
die DB aus ihren
roten Zahlen kommt,
und
wer alles am
Bahnhof das Frieren
und die kommEnde
Woche zu
betäuben Sucht :

der, der „auffer Übung nur sieben
            SchuSS rausgerotzt hat"
            hatter gesagt ..... (rrrrrrausgerotttzt!)

der, der „2 x Blut gekotzt) otzotz   (gestern abend;
            besoffen warn wer nech – bissen gefeiert :
            Wochen Ende, uffn Geburtstach, doch
            besoffen war ich nich !"
                        zwei mal ! so richtig ! Blut & gekotzt
                                    sieben?
                                    gerotzt
                                    zwei   ?
                                    ... - ?! - !

der mit dem Schnauzsaufer um die Mundnarbe.

der,   der sich verkauft hat
        für vier Jahre
        und mehr – objektiv gesehen.
        Der Popper,
        dem seine
        (neue) Uniform sooo gut steht -
        meinter / zeigter   (und ich ertappe mich,
                                    wie ich mir
                                    ein „Rotarrrsch"
                                    parat lege)

der, den das „alles ankotzt" aber : „....dem werden
    die Haare ouch noch gestutzt – Da kommst DU
    ouch noch hin, Freundchen! ....
    Und :
    Da war ich schon, mein ....?.... Freund (_____),
    Da wa(h)r ich schon hin, bin ich schon
    gewesen und : ` hab gelernt! - ich wünsche
    dir, daß Du
        doch noch
        auch noch was lernst -

Du da, -
        mit der Mächtigen BierFahne und der
        Palette Dosenbier im Wäschesack.

Ich   habe keine Angst im Dunkeln -
    ` habe viel mehr Angst,
    wenn´s hell ist auf den Bahnsteigen –
        die Züge fahren
        und Soldaten hier
        schon Wache stehen.

Ich   habe Angst nicht vor
        doch um Soldaten
    in Civil, denn die
    sind so
    Furcht-bar
        UniForm.

Sitara und der Weg dorthin

„.....vergräbt sich gegen die geilen Blicke der Alten...."

Wo habe ich das gelesen? An´nem Abend mit Goldrand
oder war´s nur ein Traum, in den verzettelt ich wahr?
Arno & der Weg dorthin furte durch die Hand-
schriftenabteilung der eigenen Erinnerung.

    .... vergräbt sich
        gegen
        die Geilen blicke
                der alten ....

und nicht! : „vor" = wie verstecken, sondern Bildung
einer festen / firsten / feisten (?) Sand – WehrBurg mit 2
stolzen ...? - oder eben noch nicht, denn die Jung-Frau
ist noch nicht heran-&raus gericht´(!) ... auf jeden Phall
mit zwei FluchtPunkten, die sich trutzig,
wage(nburg)mutig in die (und nicht: „in der) Landschaft
                             ben.
p)Sc(hluchtBergen/d(geil) er he

Ihn! - ihn mit zwei schtrammen
Sch ([sic]! Oder ?...!?)iß Scharten (!2) zum An:Griff
und Pferd-Eidigung/Dung
                 reizen.

Schwesterherz

```
        gerechtigkeit
Selbst             - wenn ich etwas,
        gefälligkeit   ein Ding aus
                       dieser Welt
                       verdammen
                       dürfte / könnte -
                       dies, Schwester-Herz,
                       wär´s !
```

W15 und danach – was dann?

Wissen
Eingekanzelt im
Sinnkreis des Buches
VerSchub
landet -

        Dies Seyn
        Wünsch ich mir, nicht
        Die Finne meines
        Trauten
        End Los langen
        Plathelgewürms im

Schädel aufge
Platzt stolzt &
Mir Gedanken
Stickt

        Plattgewürm

das ist vergangen
nun mehr bald:
jedoch

        BücherWände
        erschlagen mich
        gefüllt mit Wälzern
'   nicht nur geworfen
        tödlich

Nicht für sich allein[11]

Was sehe ich

Männerbund
Frauenfreundschaft
Kameraden

Das muß mann
      braucht frau
Nicht zu erkennen

Was ich sehe
Ist die Wärme
Der Umarmung
Und das
Geborgensein
Und das
Gefühl
Geborgen zu sein

In den Gesichtern
Dreier
Freunde
Freundinnen
Verliebter
Verliebten

Die nicht
Für sich allein
      stehen

---

11 Zu dem Buchcover von Gerhart Hauptmann:
    Die Insel der Großen Mutter"

MG – 01 – (Grund?) Ausbildung

KaltMetall-Gerippe kältet unberührte Knabenhaut
maschinenes Skelett des Todes
dich tragen wir

Bleichgestalt düstrer Ahnungen in unseren
Armen – zum Pflügen?

Knabenaugen blitzen wässern
pupertären blinkend
unter
Rudimenthelmen uralter Traditionen!

Jaja
umfassen babywindeln´ das
trine Spielzeug
in Armen haltend – sicher entsichert

Tränend zielen: Visiereinrichtung....
Korn....
Üben.... Laden .... End: .... tsichern;
Feuern!!!
                    Vorzustellen
einen Menschen töten.

Ich glaubte zu weinen,
doch ich zeigte es
nicht den anderen -
ich bin Soldat.

WochenEndGvD

Schau in den wüsten Silberglanz
im Thale Spartas – Oh, Du Mein
chinaMaurisches grenzland der Träume

. . . .

unter Port/alen ferner Königshöfe staffiert
die sättige´UnRast lang-er-weilter HofDamen

. . . .

„In welche Ängste wird sich noch,
da die Nebel aufwärtswallen,
der Reiter Jetzt hieneinmoo-rasten?"

. . . .

Pagen Stolz/ieren festlich über
Treppen, verwoben mit jenen Sonnennetzen

. . . .

und schreiten festen Schrittes durch
leere Augen spitzmündiger Nichtkritik
was bleibt: ? - Erwartung ist v-er/ph/logen

. . . .

Doch die sengEnde Störe des puddinghorizont´s
bewusst es mir: - ich lebe (/ . . . . ? ! ?)

Ein Storyboard (neuerdings: Plot)

Der kleine Günter geht heut durch die Stadt und will sich eine Tüte voll knusprig knackiger Kartoffelchips kaufen, denn er hat heute so richtig Hunger auf so richtig knusprig knackige Kartoffelchips. Mhm! Mjampf – mit Paprikah. Lecker lecker! Aber Onkel Neidhard sagt: „Nein! Du bekommst heute keine knusprig knackigen Kartoffelchips mit Paprikah!" „Ohje, auch keine mit Winnegah?" „Nein, nein, nein!" „Aber warum denn nicht", bettelt Günter, „wo ich doch so´n dollen Hunger auf knusprig knackige Kartoffelchips mit Paprikah habe." „Nein", der Onkel wird jetzt richtig sauer, „ damit verdirbst Du dir nur deinen" [..]

↓

Günter rupft Stiemütterchen aus dem Bürgergarten

↓

verkauft Blumen

↓

kauft heimlich Chips

↓

durstig

↓

Zelleninnendruck steigt

↓

Urinproduktion steigt

↓

Städtische Kläranlage läuft über

↓

unreiner Schlamm gelangt ins Meer

↓

Fische sterben

↓

Leute haben nichts mehr zu Essen in der Fastenzeit

↓

Küsten veröden und verelenden

↓

Industrieanlagen werden abzuschalten vergessen

↓

Klima ändert sich

↓

Es schneit in der Sahara

↓

Die Dromedare frieren

↓

Massendemonstrationen in Kairo für den Import von
Kamelhaardecken aus der inneren Mongolei

↓

Bürgerkrieg zwischen Dromedaren und Trampeltieren

↓

Weltweit wird der Handel lahmgelegt

↓

Paprika verteuert sich in Indien ums Fünffache

↓

Indische Kartoffelchipslobby verhindert Export in die EG

↓

Welt stellt sich um auf den Verzehr von Salzstangen

↓

Kartoffelchipsplantagen werden aufgegegeben

↓

Kartoffelchipskäfer vermehrt sich ungestört

↓

Der Dung des Käfers lässt Sisalbuschwerk wachsen

↓

Sisal dient Heuschrecken als Nahrung

↓

Heuschreckenschwarm verdunkelt Sonne über Hameln

↓

Heuschrecken fressen alle Stiefmütterchen im
Bürgergarten auf

↓

Onkel Neidhard stürzt sich voller Gram in die Weser[12]

---

12 Wie so manch andere Geschichte nachts nach Zapfenstreich im
    Bett liegend im Dunkeln reihum auf Stube mit den Kameraden
    einander erzählt; weitergesponnen; fabuliert, sinniert....

In Tiefen

Unter Eiterbergen traumspiegelt
                             &   versiegelt
feurigglänzend quillt wider vor
was vormals streng behütet wahr
in mutterschossig Tiefe
Liebkost noch immer ein
flammend Schimmelfaden
des Traumes süße Bitternis
Von dünig Sediment
sanft ummantelt
schreiten Ritter
traumumspiegelt
in die Finsternis
Hier sich widerspiegelt
was begiert
vergittert hinter
Schweigewänden
schmerzbekümmert
endloslang
verwittert

In Reih und Glied

Solch Schiffchen

ebnet ein

jede

      Sturm&Drang
          Locke,

doch

zu wissen, daß

Deine noch&trotzdem

ist,

lässt mich

Dein Bild

mir nicht über
         drüssig

werden

Kreuzen Sie an!

Denk nicht,
Sage nicht,
Du bist
feige, weil Du den
                Anachronsismus
                in Dir
                entdeckst!

Du
hasst ihn erkannt.
                Sorge dich um die
                Mutlosen,
                die ihn
                nicht sehen
wollen
                - ja können -
weil sie ihn
nicht besitzen!

O Allein
                dann wirst Du ihn überwinden.
O Schon

Soderhamn[13]

Neues
Unverständnis draehtet
im Spinngenetz
der Durchnebelleitung
Ueberland,
durch Regenschauer
im Telegrafenamt,
webt sich mir
Frau Spinnenbein
die Adern zu.
Niemals
bekommt Verbindung
der,
wer heut
das Eis des schweigens
schmelzt,

---

13 Endlich mal eine Flugrouten-Beratung, die ihren Namen
    verdiente; sonst tagtäglich Touchdowns mit Platzrunden,
    wöchentlich nach Lech, nach Kanada, nach Kreta; jede Route bei
    allen Crews bekannt – aber „Soderhamn", was für eine
    Destination, allein der Name schon!

Z i g a r e t t e n t a f t
d e s   M i t t a g s g l a s t s

S t a t i s t t t t t t e n b i r k e n

Kiefer´äst & *Kulissenwälder*
eiligst aufgezogen

d

a

phor

Bobrennen

Dem Vordermann das Steuern überlassen
rasen wir
in der Bahn des Lebens
abwärts,
        einem ungewissen,
        nie gesehen Ziel entgegen.
Vereister Tränenschnee -
kristallines Gedankenweiß -
        verzehrt
vorbei   un
        gesehen, doch
        erahnt nur.
Was zählt ist
stromlinienförmiges
Rückenrat.

Bremsen -
        halten gar -
wäre unmöglich und
auch gewollt nicht.

Fafnira

Zum Leben braucht´s
einzig ein
großes Herz.

Ein großes Herz -
wo nehme ich´s her?

Fafnir/a ist tot
und ich habe nichts
zum Tausche,
als meine Angst -

wem sollte ich sie auf-
bürden?

Abraumhalden noch lange
nicht in Sicht.

Und überhaupt:
Recycling ist angesagt!

Sieg!Fried!

Der Drache bin nicht ich.
Zu lange währte die Ver-
wechslung.
    Egal -
jetzt isser tot !
     Das zählt.

Wir sind nicht verkrüppelt;
nichts kann uns hindern,
unsere Fesseln zu lösen.

Verzeih ....
     Alle Schläge,
die Ich erlitten von mir,
galten nicht mir.

Doch ich habe getroffen
mich selbst,
weil ich nicht reif waHr zum Leben,

denn Leben heißt trennen:

zwischen mir und meiner Angst.

Ich lache, liebe, lebe -
     alles
     so
     einfach !

Italienische Reise

nicht die erste
im Traume
nicht die erste
nach Italia;
doch die erste
allein – ohne
die Gewissheit
nicht einsam
zu sein -
niemand da
außer mir,
auf den ich
hoffen kann
und deshalb:
                    Hoffnung.
Roma! Roma!
Der wahre Nabel
der Welt.
Doch ich brause
im Dunkeln
vorbei.
Ich bin unterwegs
zu einem anderen
Platz:
        meiner inneren Ruhe.
Und allein dadurch
hat sie sich
eingestellt.

Stromboli[14]

die Sonne steigt aus dem Meer. Ringsherum Dunst, der
den Horizont auflöst und in glutfarbenen Lichtstraßen
breitet Der Stern einen Teppich aufs Wasser. Alles auf
einmal, plötzlich so ruhig und großartig. Durch diesen
Dunst fuhr gestern die Fähre hinein in die Nacht. Vorbei
an gekenterten Felsen, die standen wie ein Gefühl, das
nachklang im gläsernen Herz. Der Vulkan dann irgend-
wann vor mir. Wurde immer schwärzer, als er wuchs.
Schluckte die Blicke der Reisenden in seine Macht.
Alles ward Nacht. Dann ein Glühen oben, mitten im
Samt dieses Tuches, das sich legte mit einem zarten
Husten über das Meer und wieder vorbei. Alles nur
Stille. Dieser gleichgültige Beweis der Kraft in ihm. Hier
schmilzt die Erde und speit sich selber hinaus in unsere
Welt. Schwanger ist diese nur durch sich und ich mit ihr.

---

14 Ein Aschenkegel meiner Imagination ... ziemlich ähnlich dem in
   späteren Jahren in Realitas besuchten Vulkan

Alte Narbe

Wo sich hinwenden?
Wenn Mut droht
zu entschwinden
erneut?
Bevor es mich
zerreisst
das Erwachsen
von Leid,
gleich wieder
Beenden;
noch ist´s recht
        zeitig.
Die alte Narbe
nur ein Stück weit
erst
wider aufgeplatzt.
Ich lebe hier & jetzt
für nun & immerdar.
Ich bin zu mir gereist.
Kein Zweifel
soll mich binden
fürderhin!

Abschreckung

Das
   Knöpfchen,
      das euch Gott
          ersetze,
       blinkt
      rot
     und
   wird
      gedrückt
        viel -
          leicht
            aus Irrtum,
                gehetzt
            von
          falschen
       Strömen
     im
      E-Gehirn,
         das
      euch
     das
      Denken
        nicht
       nur
     ab
      n
       i
      m
       m
      t
      .

Sprache

Hier :   Archie   ,
hier :   Anarchie   -

                        Legis
                        Tee
                        Nigger -

                                ich weiß´

Phrasen von Zuverlässigkeit
                Verlässlichkeit
                und
                Ordnung :

Chiffren der Angst   !   -

                        wie ver8
                        ich sie !

Tauben und Spatzen

Lieber
     Friedenstauben
  als Friedenstaube
   = Kriegsblinde

Schaut auf diesen
          roten Knopf!
        Ihr
fünf-Milliarden Erden -
              linge !

Gegen euch

stehn
60.000 nicht unbegrenzt;
        doch ohne Grenzen
             wird das
Grauen
WeltumfassEnd
Seyn   -   irrtümlich (?)
         gedrückt der
         kleine Knopf,

dies Knöpfchen,

        das
        euch Gott
        ersetzte !

Blick in den Spiegel II

Deinen Schädel sehen – Form
der Stirn – Erneuert trutzig
in den Wind gestellt.

Lebensbö´ pflügt hier
               auch Regenleid
auf Kerkermauern
              schädelnd eingeweißt.

So
     lieb ich dich,
                mein´
                Stoppeligel!

Ich selber fühlt´ mein
               eigen
Haar gern
        mächtig
        bauschend
        fahnig
        flatternd
nachts im
        kalten
        Sturmeswind.

Kamm durch & Schiffchen drauf!
KOMPANIIIIIIE RRRAUSTRETn

Ich

Ich will
  " möchte
  " glaube
  " werde
  " jetzt reicht´s!

  " bin
  " tu´
  " denke & weiß
  " will

Kinder das Olymps

wir sind alle kinder des Olymps
und stehen dennoch gleichzeitig
auf der bühne und hasten draußen
durch die straße . Das ewige
karussell dieses lebens // trubels
wird nie still stehen und so
bedarf es allein des wollens ,
ehrlich zu sein , um den kreislauf
der ewig widerkehrenden[15] gleich=
nisse (Olymp = Bühne = Straße)
zu entfliehen . Das leben zu meistern ,
ohne es todzuschwiegen , zu
ermorden oder zu übertönen -
durch leben = lieben = leiden .

---

15 Hier wie auch zuvor und danach: wenn ich wieder schreibe
ohne „e", dann meine ich diese Arno Schmidt gemäße
Doppelsinnigkeit.

Garance ![16]

meine tränen sind
ein theil von mir
wenn sie Dir
wertvoll genug
erscheinen
macht es
mir nichts
sie vor dir
zu vergießen
(im dunklen)
und ich heule
nicht mehr
so nimm sie als
geschenk
auch
deshalb besitzen
sie Wert

---

16 Kinder des Olymps. Ein hinreißender Film. Wenn auch nur eine
    Figur – brachte Garance das Kino voller Wehrpflichtiger zum
    Heulen – mich mittendrin. Zum Glück für alle, war es dunkel.

Der Käfer Lykurgus

Der Pillendreher formt die Kugel
durch die Leere zwischen den
Horizonten. Eilig rollt die Kugel,
von emsigen Beinchen vorangetrieben,
Düne um Düne   n a u f

```
                i              u
h               h              n
  i                            d
  n
   u
   n
      t         l
        e       i
          r.    e
                t
```

Kein Berg zu s
Keine Steigung zu hoch, als daß
der Sklave seiner Kinder Freiheit
nicht die Brutstätte des Glücks
über die Anstrengung auch des
letzten Kammes hinüberwuchten würde.
Endlich -
unter der Anstrengung der Mittagsglut
hat er sein Ziel erreicht :

Ein Fleckchen feuchten Mutterbodens.
Eine winzige Pfütze bewahrender Kühle
vor dem dürrenden Blick des allwissenden
Antlitzes der Sonne
inmitten der flimmernden Wüste der
Mühsal und quälenden Verantwortung.

Doch noch kann der geplagte Scarabäus
nicht verweilen -
mit seinen, von der Last der Arbeit
geknickten Beinchen und dem
gekrümmten Rücken -
nicht die Kugel in den schützenden
Leib der Erde graben :

Denn ! :

Noch stehen dort
im heißen Flimmern des Horizontes
neue, hohe Dünen, die es
zu bezwingen gilt.

Schneller / Höher / Immer / Weiter
formt die Kugel
durch die Leere zwischen den
Horizonten. Eilig rollt die Kugel,
von emsigen Beinchen vorangetrieben,
Düne um Düne   n a u f
                      i   u
h   h   n
 i   d
  n
   u
    n
     t
      e
       r.

Perry Rhodan

Durch das unendliche Sternenmeer zieht ein gewaltiges Raumschiff seine Bahn. Es hat die Form einer Hantel von sechseinhalb Kilometern Länge und beherbergt in seinem Innern einen einzigen zu zerknittertem Pergament geschrumpften ururur alten Greis: den Erben des Universums. Durch das unendliche Sternenmeer zieht ein gewaltiges Raumschiff seine Bahn. Es hat die Form einer Hantel von sechseinhalb Kilometern Länge und beherbergt in seinem Innern einen einzigen zu zerknittertem Pergament geschrumpften ururur alten Greis: den Erben des Universums. Durch das unendliche Sternenmeer zieht ein gewaltiges Raumschiff seine Bahn. Es hat die Form einer Hantel von sechseinhalb Kilometern Länge und beherbergt in seinem Innern einen einzigen zu zerknittertem Pergament geschrumpften ururur alten Greis: den Erben des Universums. Durch das unendliche Sternenmeer zieht ein gewaltiges Raumschiff seine Bahn. Es hat die Form einer Hantel von sechseinhalb Kilometern Länge und beherbergt in seinem Innern einen einzigen zu zerknittertem Pergament geschrumpften ururur alten Greis: den Erben des Universums. Durch das unendliche Sternenmeer zieht ein gewaltiges Raumschiff seine Bahn. Es hat die Form einer Hantel von sechseinhalb Kilometern Länge und beherbergt in seinem Innern einen einzigen zu zerknittertem Pergament geschrumpften ururur alten Greis: den Erben des Universums. Durch das unendliche Sternenmeer zieht ein gewaltiges Raumschiff seine Bahn. Es hat die Form einer Hantel von sechseinhalb Kilometern Länge und beherbergt in seinem Innern einen einzigen zu zerknittertem Pergament geschrumpften ururur alten Greis: den Erben des Universums. Durch das unendliche Sternenmeer zieht ein gewaltiges Raumschiff seine Bahn. Es hat die Form einer Hantel von sechseinhalb Kilometern Länge und beherbergt in seinem Innern einen einzigen zu zerknittertem Pergament geschrumpften ururur alten Greis: den Erben des Universums. Durch das unendliche Sternenmeer zieht ein gewaltiges Raumschiff seine Bahn. Es hat die Form einer Hantel von sechseinhalb Kilometern Länge und beherbergt in seinem Innern einen einzigen zu zerknittertem Pergament geschrumpften ururur alten Greis: den Erben des Universums.

Abendandacht[17]

Die Sterne sind erblichen

Mit ihrem güldnen Schein;

Bald ist der Tag entwichen,

Der Abend dringt herein.

Schon waltet tiefes Schweigen

Im Thal und überall.

Auf frisch entlaubten Zweigen

Singt nun die Nachtigall.

Sie singet Lob und Ehre

Den hohen Herrn, den kalten,

Die über Land und Meere

Die Hand des Todes halten.

Sie den Tag vertrieben:

„Ihr Menschen, fürchtet nichts!

Tut uns nur immer lieben,

Die Hüter allen Lichts!"

---

17 Kontrafraktur auf „Morgenlied" von Hoffmann von Fallersleben

´wahre Sinn der Schöpfung

Ein kleiner Gott,
ein Baby wars,
saß neulich nackt am Strand
und malte mit dem kleinen Finger
zwei Kreise in den Sand.

Der Gott war jung an Jahren
und konnte nicht verstehn,
daß aus diesen göttlich Ringen
ein Universum würd entstehn.

Das Kind schon bald
keine Lust mehr hat,
die Sonne strahlt,
der Gott wird müd.

Die Flut beginnt zu steigen,
und es umspült das Meer der Zeit
schon bald das Kinderwerk
nach einer halben Ewigkeit.

Und dann, wo zuvor das Baby saß,
gemischt aus Wasser und aus Sand,
der Mensch entsteht, das hohe Wesen.
Kron´der Schöpfung einer kindlich Hand.

Gedacht hat sich dabei der Gott nicht viel.
Und so wie einst das Werk am Strand,
der Mensch vergehen wird
wie eine Burg aus Sand.

Dämmerung[18]

man kann den tod besiegen
doch
was nützet das ?
wir müssen heut auf erden
hier und jetze leben
schon heut das paradies
zustande kriegen
kämpfen
daß die herzen
derer beben
die lenken dieses
göttlich spiel
wir dürfen nicht
mit todeswaffen scherzen
verlieren haben wir
ziemlich viel
säß heut die menschheit vor gericht
sie könnt noch freigesprochen werden
vergessen ist nicht ganz
die fähigkeit zu lieben
die zeit sehr schnell verrinnt
der tod sitzt heut schon am klavier
und spielt den todestanz
für uns hier unten
auf der erden
nur wenig zeit ist uns geblieben
daß sich die menschheit rasch besinnt !

---

18 Gegengedicht zu einem Gedicht von Werner Bergmann über eine
postapokalyptische Zukunft zweier Überlebender

Prometheus wird nicht sterben......

Nebel steigt und wallt herauf.
Noch ist klar die Luft,
Weil nassdurchtränkt.
Doch sieht man schon am Horizont
Des Menschen düstre Taten,
Die vergiften alle Luft der Welt
Mit Blei und Schleim
Aus ihren Werken.

Prometheus hat sehr schlecht gekauft.
Der Städte stickig Duft,
Der ist ein arg Geschenk.

Herakles hat sich schlecht entlohnt
Am Fels mit seinen Taten.
Was
Zeus im Himmel nicht gefällt,
Der Mensch, der wills vollenden.
Und wenn erst bleibt ein letzter Keim,
Wird er sein Werk,
So scheints,
Noch gar verstärken.

nuklear power

armer michel
weinest ja
über deine taten
hast geworfen
mutig gar
den leuchtend stern
in unbekannte weiten
der preis
für ewig feuer
hellen schein
hernieden auf der erden
der ist uns doch zu teuer
nicht feil für
unsre erben
als daß
wir nehmen an
dein unheilvolles streben
nach dem
schwarzen stein
der uns bringt
ein ach so
grausam
sterben

verharre nicht …

… Ah, herrlich
Diese Luft hier
Draußen !
Nie wieder
kehre ich
wider in
dieses finstre
Kerkerloch !

In der Sasse

Nie wieder aufgeben, was ich will.
Nicht aufgeben, was ich will.
Das ist das Wichtigste.

Vertrauen ist verlorengegangen.
Kraft haben, auf Neues warten zu können.
Selbstwertgefühl muß stark genug sein,
daß diese Wartezeit kein Loch,
kein Harren wird.

Vertrauen stets anstreben, doch nicht
in Illusionen stürzen,
um den Verlust zu übertünchen.

Zerbrechen des KreisLaufs

Nach der	Sucht nach	Gespür
" "	Suche "	Gefühl
" "	" "	Klarheit
" "	Sucht "	Wissen
" "	Klarheit	
" dem	Verstummen	
" "	Stillstand	
Schweigen,	nicht mal	Schmerz
Suche nach	Gespür	
	(Gespür)	
	(Gefühl)	
	(Klarheit)	
	(Wissen)	
	( )	
	) (	

Auf Krankenstation

Die Zeit wird nicht bedroht vom Tod. Das sind nur, die die sich in ihr bewegen. Die Zeit wird begleitet. Ich bin nicht einsam mit mir. Vor dem Fenster nebelt´s, keine Sonne diesen Morgen. Toskanische Kulisse und ich sitze im Fenster, träume durch die Scheiben nach bella italia. Mit dem Frühstück entpuppt sich die Illusion: „Tee oder Kaffee heut´ morgen?" Die sanften Oliven-hainhügel sind heimische Pläne, erlenbegrenzt, mit kopflastigen Weiden durchsetzt. Fettwiesen, um diese Uhrzeit feucht wie immer. Zypressen wahren Spitzpappeln, von Napoleon beim Durchzug hier vergessen, oder (wo ist meine Brille verdammich) Pyramideneichen – perhaps; schon länger her, dass sie aus Italien kamen. Hinter dem Knick, dem Obligatorischen, taucht anstelle der roten Lampe dieser Zeppelin auf. AschphalL und ohne Brummen: Wind NW. „Kaffee bitte." (Was für den Stuhlgang tun) Ein Mann mit Sense über der Schulter, zutiefst ungewohnt die letzten Jahre (schon) neben dem Roh(t)bau dort. Beim Brötchenstreicheln aus´m Fenster gucken: November ! Unübersehbar. Die Gedankenblätter fallen, wie das Laub in meinen Forsten = die Sorgen der Bäume, bald schon verdaut von des Winters Weiß. Der Moder ist fruchtbar, wie herrlich! Blut aber ist Leben und hat heut Nacht schon wieder durchgenässt / schmutzrot, fast braun. Der Mann von vorhin macht sich über die traurigen Geranien her und bemerkt das LuftSchiff nicht.

Nachdenken über das Schreiben von Briefen

Erste Grübelei

Briefe, die ich schreibe, sind Gedanken – letztlich an mich - , die ich werfe in den Fluß des Vergessens. Der fließt hin zu anderen. Die werden vermengt. Ich werde ihre Fische fangen und dadurch wieder leben, mich speisen, reichhaltiger als von meinen eigenen Fischen nur, deren Geschmack ich schon kenne und der sich so langsam nur ändert.

Zweite Grübelei

Briefe
Gedanken von mir
An mich
Geworfen in den Fluß
Des Vergessens
Der fließt hin zu anderen
Und von ihnen zu mir
Ich werde fangen die Fische
In ihm
An ihnen essen mich satt
Und leben
Reicher als zuvor
Am eigenen Weiher
Teich ohne Zufluß

Dritte Grübelei

Briefe
Gedanken von mir
An mich
Geworfen in den Fluß
Des Vergessens
Der fließt hin zu anderen
Und von ihnen zu mir
Ich werde fangen die Fische
In ihm
An ihnen essen mich satt
Und leben
Reicher als zuvor
Am eigenen Weiher
Teich ohne Abfluß

Vierte Grübelei

Briefe versanden ins Uferlose

Barken der Wörter ertrinken

In endlicher Flut

Fahrt nach Norden über Hohnsen

Die Welt lag ruhig und besänftigte die Augen durch weibliche Farben: Braun in den Wäldern, durchmischt mit orangenen Schlieren. Kräftiger Ocker lag zerstreut auf den Äckern. Die flogen vorbei. Sanfte Erdfarben nicht nur dort. Der Name eines Höhenzuges war noch in meiner Erinnerung geblieben: „Wolfshagen" Die B1 macht einen höflichen Knicks vor ihm und wendet sich dann wie eh ab gen Osten, ich aber bog nach links. Ließ die beiden mächtigen Kastanienbäume, die die Kreuzung einrahmen, hinter mir Rückspiegel nackt, ihres Lebens beraubt, nackt und verlassen. Andere Bäume kamen mir in den Sinn: Napoleon hatte einst in dieser Gegend seine Spitzpappeln vergessen, die als topographische Punkte die Landschaft hier geprägt hatten danach. Während meiner kindheit fielen sie den Sägen der Straßenämter zum Opfer. Auf der Kuppe spähte ich vergebens nach diesen Anhaltspunkten meiner Erinnerung. Stadtdessen lagen vor mir die Dächer der kindheit: tonfarbenesthal, lehmigeziegel, rotescheunen, der dickirchturm verblasste ins dunkel-
lila.

Der Schaum der Tage

Ich bewege mich im Chaos,
bin Chaos, doch bewege mich.
Ich wünsche mir Ruhe, doch will nie
wieder rasten,will rasen.

Ich suche Ordnung, doch keine
RegelMäßigkeit,
will regelwidrig sein – immer wider
aufs neue.

Ich sehne mich nach Geborgenheit,
doch nie wieder will ich in einen
schützenden Kerker,

`mich preisgeben den Unbilden der Welt,
will trinken den Schaum des Meeres, das
ich aufwühlte in den klaren
Mondnächten,
da Du, Mond, noch prall am Fimament
prangtest.

Doch ich will nicht wieder verfallen
in den Rhythmuß! Des Tidenhubes,
will mich selbst heben,
mir selbst mein Leitstern sein.

Ich will ein Ziel haben,
doch will mir kein
Wunschbild davon machen -
will selbst
das Ziel
sein.

Sitara[19]

Die Sonne ist explodiert

Der Mond zerbarst

Polarstern erlischt im Meer

Ich werde das

                das Land ertasten

                auf dem ich mich bewege

Wer sagt

daß man ohne

Licht nicht auch wird sehen können

---

19 Als Lektüre verschlang ich, wenn dienstfrei, alles von Arno
SCHMIDT ; auch: „Sitara und der Weg dorthin; Eine Studie über
Wesen & Werk Karl Mays"

Orion 9 - Rücksturz zur Erde

nicht stürzen ins Sein

springen

hinein in das Leben

und dabei

sein

selbst sein

sich selbst sein

sich selber sein

leben

das ist das Wollen

leben

wenn möglich

mit anderen

die auch

Leben

Monopoly

Konturen lösen sich
auf
    scheinbar.
Vielleicht war nichts
darin.
Vielleicht ein Mensch,
den ich
    nicht
kannte.

                        Leben
               nur das,
      was ist,
ist viel.
      Mehr als das
      Nachhängen dem
      Erträumten.
Aber dennoch
nicht aufgeben
das
           Träumen.
Erfüllbares

           Wünschen

herausbilden
und einlösen.
        Rücke
    vor
  bis
auf

               Los

!

19 Jahre jung

Mein Rücken schmerzt und

ich sitze steif – will laufen

doch der Schrecken

des Vergangenen

nistet sich ein zwischen

den Bandscheiben

Steifheit der alten Knochen

unabänderbar

scheinbar

denkbar

wünschenswert

furchtbar

Was mir fehlt

Was
mir
fehlt
ist
nicht
viel

      ZuViel
      zum
      Ausruhen

            zuwenig
            zum
            Sterben

Herauslösung der Kontur

Wünschen
              Leben
Wollen

Keine Programme mehr:
              Handeln!

    unfertig sein

        &

    loslegen

Wünsche   herausbilden

    "   zugestehen

    "   zulassen

    "   ausmalen

    "   umsetzen

Investieren zur Erfüllung:
              Jetzt

Vulkan

In jeder Schwaerze

gebaeren sich Welten

aus sprünkelndem Weiß

in gleißende Helle!

Und werden sie auch

wieder zu Nächten der Kälte

wen sollte dieses noch aengsten?

Leben auf Kredit ?

Nichts

Mehr

Borgen

Geboren

Seyn

Und

Leben

Vier Jahreszeiten

Vom

Laub

Das

Fällt

Bleibt

Nichts

Und

Es

Erwächst

Neues

Grün

Aus

Dem

Mull

Dieser Herbst

Dieser Herbst ist mir.
Das Jahr, es geht zuende -
Bis Orwell braucht´s noch sechs,
dann.mag er
wegen meiner
gerne kommen.
Gedankenblätter fallen
wie das Laub in meinen Forsten
=   die Sorgen der Bäume,
bald schon verdaut von des
        Winters WeiSS.
Der Moder ist fruchtbar
        wie herrlich.
Die Pracht des Herbstes
        so rot wie blut
                        Blut aber ist leben.

Dänischer TalismanN

Vertreibe nicht das Vergangene,
um seine Schatten dir fernzuhalten!
Sie sind dir gewiß für die Zukunft.
Nimm an die Zeit als ein´ Spiegel
deiner Selbst.

Dein Leben wird zum Ring,
endet nie
und steht
dennoch
und
trotzdem
nie still.

        Das ist
        herrlich !
        Warte nicht
        auf einen
        Hühnergott !

                Du trittst deinen
                gerade mit Füßen.

Heimfahrt

In Dämmerwellen des vorbei -
husch   enden Kiessees: das
Nordlicht eines noch schneller
e i l e n d e n D-Zuges;
Lichtperlen von unsichtbarer
Hand dem Zugriff enDzogen:
Angekettet wie wir in unserer
Illusion des Individualverkehrs.

Maßband abgeschnitten – Nuuuuhl !!

In mir leben überstarke Tagträume und Wunschphantasien von der Gestaltung meines Lebens –
hier nach. Und ich weiß, daß ich sie eh nicht alle
verwirklichen könnte, doch sie sind zu wankelmütig,
als daß es - wenn ich wollte – möglich wäre, sie jeweils genauer abzuklopfen. So fange ich an, sie in
Worte zu fassen, um sie be   greifen zu können,
damit in der Stunde der Verzweiflung über das GegenwErtige, sie nicht hervortreten können als billige
Chance der Rettung. Der Gegenwert des Gegenwärtigen ist der Preis des Vergessens. Die Gegenwart sich selbst gewährtig zu leben, schafft das Gegenwertige.

shortshortstory

Der Specht wunderte sich
über das ungebührliche Benehmen
seines Nachbarn
Aber so sind die Eichhörnchen nun mal
laut und unbeherrscht

doch solange die restlichen Bewohner
des Baumes nichts davon mitbekamen
konnte er dem Treiben im nachbarlichen
Bau zuschauen
ohne gezwungen zu sein
aus Gründen der Sittlichkeit dagegen
vorzugehen

wär ja auch echt schade drum

Rausch ausschlafen am Kiefernforst

erwacht, berotbäckt durch
spinatfarbene
Dunkelsilhouette ferner
Pinienalleen vor Pisa
                so schien es mir
warn dann aber doch
nur heimische
Kiefern.

Feuerball verstrahlt,
verschlafen noch,
die ersten Farben,
die noch nicht wärmen.

Abbild dessen

Alles
was
ich
denke
geschieht
weil
es
sich
im
Augenblick
des
Gedankens
in
mir
vollzieht
Denn
die
Welt
um
mich
ist
nur
ein
Abbild
dessen
was
in
mir
ist

Reconquista

Über den Hängen
meiner Träume
verweben sich undurchdringbar
die Nebelschleier
der Ferne

Conquistadores waten
über die Kämme
der Nebelfelder
jenem
Sagenreichen
Wunderbaren
Thal entgegen
und kommen doch nie
an
Hoffe ich

Elephantenschädel

unmöglich
sein
das
will
ich

wäre
es
nicht
furchtbar
wenn
ich
möglich
wäre

unmöglich

Nebel
Steilgebirge
gähnen
in
den
Ausblick
und
Elephantenschädel
bleiben
mittags
ruhn

Keine Option

„Nein! Ich will weiterleben!"
schrie er und drehte
den Oberkörper,
um das Geländer zu greifen,
griff ins Leere
und
der Fuß glitt jetzt auch
vom Eisen ab.
Das gewellte Grau
des Flusses
sprang auf ihn zu.
Im Fallen
wurde ihm bewusst,
daß diese Besinnung
zu spät gewesen.
Ihm wurde klar:
er fiel.
Und:
nun,
da ihm die Zeit
davonsprang,
war es zu spät.

Mutterimago

Richtig!
Der vergebliche Lindenblattkampf
des Jünglings Siegfried mit
seinem Drachen – sticht das
Schwert in den Bauch der
Mutter. Dabei trägt
er die Scheide
zum gefahrlosen
Verwahrnis
doch stets
bei
sich – wahrscheinlich bedarf es des
Blutes zur Illusion der Befreiung von
dem Fluch des
AllumborgenseinsVerlusts.
Die Höhle
ist schon lange
rußig
dunkel.   Nie mehr
                    sein müssen
                    wie Siegfried ;
                    warum freut dich
                    das, Hagen ?

Zwiespalt

Der Zwie
         Spalt
zwischen rationaler
Einsicht und dem
sich stets langsamer
wandelnden Gefühl
verursacht erst allen
Schmerz

Baal

Der Schnee fällt vor
meinem Fenster
und will nicht liegenbleiben

Die Stadt bleibt schmutz´

Ihre Innereien sind
sichtbar für alle

Doch sie verschließen
die Augen
geblendet von Neon
dem König der Stadt

Hier vorm „Turm" ist´s bitter
kalt. „bitter" sage ich jedoch
nur anstelle von: „sehr ; unheimlich;
ganz schön...." / Letzteres wäre
treffender, denn ich hab´s gern
(-17°C):
Die Luft legt sich mit dir an,
wenn du dich dem Diktat
der Temperatur nicht unterordnen
willst – und das mache ich nicht -
und dadurch erst kannst du deinen
Körper ganzheitlich spüren:
'
                          Das tat Not
                          und tut gut.

---

20 Einmal in 15 Monaten die „Filzlaus" angehabt beim
Postenschieben mit G3 vor dem Tower

Getriebe der Welt[21]

Die Zähne stehen nicht auf Lücke

Das Räderwerk der Welt ist

Fleischwolf immerdar

für jeden

die zu Öl wurden aus scheinbar

eigener EnDScheidung werden nicht

zerstückelt in häßliche

Fetzen – Sicher

Sie schmolzen dahin

ihr menschliches Antlitz

verschachert für weniger als ein

Linsengericht
              die Totgeborenen

---

21 `fraktur zu Günter Eich „Wacht auf,
denn eure Träume sind schlecht"

nichtsniemandnirgendsnie

Im Nadelschatten einstiger Wald
kreuzwege
Das Gesicht gefächert
Sehnt´ ich mich auf die Fähre meines Mutes
Die nicht kam
Heut steh ich auf Beton
Am Bordstein und warte
Auf das grüne Männlein
Das steht auf keinem Bein
Mir anzuzeigen
Wann ich gehen kann und soll
Ohne in die Zebraspalten zu asphallen
Fortschritt ich
Als ich im Walde stand
Allein das rote Männchen läßt mir
Nunmehr Zeit zu wandeln
In den Gitterlichtern hohler Wege
Im Dunkel heimlicher Waldungen
In die ich mich sonst nur noch
Verkriechen kann
Wenn ich im Schoß der Geliebten versinke
Doch will ich
Wieder
Gehen ohne Kontrolle anderer
Instanzen
Außer mir
Ohne Kontrolle
Irgendwo
Irgendwann
Nichtsniemandnirgendsnie

Freier Fall

In Bewegung sein

Bewegung sein -

      schon gut,
           schon gut,

      doch

      wann läßt Du

           endlich los

und fliegst

   im

     freien

          F
          a
          l
          l
               ?

römisch eins

Die Häfen sind blockiert
Signalfeuer ließen wir verlöschen
Kein Schiff fährt aus
Kains soll den Port erreichen

Des Nachts sind die Fensterhöhlen
Verhangen mit Segeltuch
Und alten Netzen
Kein Lichtschein dringt hinaus
Wenn Lotse
Flaggenwart und
Leuchtturmwärter in den
Hafenkneipen den letzten Lohn
Verzechen

Auf der Mohle steht einsam der
Kapitän der Argo und schaut aus
Nach seinem Schiff
Das hinterm Horizont
Planlos kreuzt

Den Dreieckswald als einzig
Sicheres Bestimmungsziel
Für eine Fracht
Die nicht
Für dessen Bewohner
Ist bestimmt

römisch zwei

Doch da Iason aufgab, zu wünschen,
schwenkte das Schiff zum Kreuz
des Südens
-
fand den Kurs
durch die drohenden Klippen.

Morgen wird es liegen am Kai,
für die große Fahrt bereit.

Horrorskop

Und Sternenbilder sind kein Abbild
der kosmischen Wirklichkeit und
können es nicht sein.
Gib dich nicht hin solcher
Illusion und Fehleinschätzung
menschlicher Subjektivität.
Und wenn sie es sind, sind sie es
nur der Freude willen, die Du
empfindest beim Anblick ihres
herrlichen Funkelns.
Ihnen ihren Sinn abzuringen
ist vermessen(d)er
als die Borniertheit dieser
wissenschaftlichen Welt, der ihr
Funkeln verlorenging.

Auf der Suche nach mir[22]

Als Kind schloß ich die Muschel um mich und
lauschte dem Schweigen der Perle in mir.
Die Stimme des Fischers und seiner Frau,
denen ich damals entrann, drangen nur als
Meeresrauschen in den selbstgewählten Kerker.
Bald redete ich mir ein, mich wohlzufühlen
in der dauigen Weichheit roter Seidenkissen: - rot!
Doch ich war einsam. Zuletzt ließ mich das
ferne Rauschen meiner Flossenschläge stürzen
in den tiefsten der Gräben -
Schwärze; Stille: - Sternenhimmel der leuchtenden
Tiefseefische, den ich nur erahnte und ein Druck,
der meinen Panzer zu sprengen drohte
und wieder Geborgenheit;
doch mein Rufen blieb mir in Erinnerung. So zer-
störte ich meine Muschel, als ich gerade Trieste
überbot und wurde geboren ein weiteres Mal -
hinein in selbstverschuldetes Dunkel und Furchtbare
Schwärze und unheimlichen Druck, der mich zer-
quetschte.
Doch ich schwamm nach oben zur krausen
Decke des Meeres und ich freue mich auf mich. Ich
sehe schon die durchwühlte Oberfläche des Wassers,
gleich wird meine Hand die Grenze durchstoßen, da
sinken zwei Austern – verschlossen – an mir vorbei,
hinab ins ewige Dunkel.
        Die Fischerkate ist leer und so irre ich
am Ufer und suche wie Robinson die Spuren von mir
im feuchten Nachtsand.
        Wenn ich sie gefunden habe, werde ich
gelernt haben zu laufen auf festem Grund, der doch
beständig unterspült bleibt, so hoffe ich.
Und mit mir will ich eindringen ins Innere des Landes,
das noch unberührt liegt. Der Fischer und seine Frau
saßen ihr Leben lang an der Küste, waren nie gewesen
auf See, niemals zum Markt hinter den Dünen, hatten
niemals gefischt, nicht gehandelt, niemals gelebt.

---

22   Arbeitstitel: verzögerte Adoleszenz

143

Die Angst der ÄEltern

Nicht wieder aufhören mit der
Veränderung;
Sobald auch das Neue nicht mehr
ungewohnt ist und sich so alles
relativiert, wodurch auch dies
zuvor noch Kostbare auch sein
Schlechtes zu erkennen gibt .....
Ich will frei sein von den Ängsten
meiner Äeltern vor der Häßlichkeit
alles Schönen.
Ich will !
Und dadurch erst werd´ich wieder
müssen: daß ich will, weil ich will,
daß ich will.

Über dem Horizont[23]

Fließt der glebrig junge Himmelssperma
auf feuchte Zähne stumpfer Asphaltspiegel -

Dann.....

Klingt orgasmes Seufzen blauer
Knabenseelen
in stummen Tiefen roter Kapillargefäße -

Dann.....

Schlürft muttermilchsaurer Schweiß
über weiß besprengte Kachelgänge -

Dann.....

Drücken quollen Froschnapffinger
ins sanfte Ächzen blutig geiler Wochenbetten -

Dann !

Steigt der Weg der Illusionen
langsam aus dem Dunst
der wohligen Ungewissheit.

---

23 Wie alles andere auch – zumeist – nichts anderes als ein Exzerpt
    des Tagebuchs. Siehe Seite 146ff: die Notizen des jüngsten Tags.

Aus meinem Tagebuch

Lieber Wilhelm[24]; Geliebter! Ich kann nun nicht länger schweigen. Dazu sind die Eindrücke und Gedanken, die auf mich einströmen zu stark – der Himmel viel zu gebärmuttergrau – das Gras und Korn auf jungfräulichen Feldern viel zu stark unberührt grün. Unter mir achsenstöhnend das endlose Band der Schienen – Nabelschnur von Horizont zu Horizont // verbindet das WaHr des Vergangenen mit dem Wird der Ferne. Ich sitze (noch) im Jetzt des stählernen Lindwurms, der mich in die Zukunft – zum Horizont und in das Land dahinter enD-führt, der heißen Odem tödlicher Kääälte / kalten Todes begierig lackt aus der Oberleitung – seiner Mutter Brust. Tack tak tac tack die Achsen pochen den Herzschlag der gebärenden Mütter auf das stählerne Band der Ferne; auch ich bin (Erwartungsschwanger) lebensgierend - / - Ach ! Jetzt den Kopf hinaushalten – kühlen Fahrtwind durch die Haare / Tränen weinen – windgepeitscht. Doch! Ach: gefangen bin ich eingesperrt im gläsernen Dornröschensarg der DB. ÄOlus spannt seine blau grau blendend weißen Atlasbänder über mich – Freiheit spüre ich wie <u>das</u> ungeborene Mensch, das dem Augenblick der Geburt – dem Erblicken seiner Welt entgegensehnt. „Springe!" (Bahnhof / natürlich) – ach, springe!! egal ... wir / ich gahre wieder ratternd. Unter mir: der Schotter – seit Anbeginn getreten und verbuht von den abgewetzten Hinterteilen müder Reisender – Böschungen jungen vorbei wie meine Gedanken, die selbst entlang des Bahnstranges verweilen / weitereilen / verweilen / sterben. Wenn ich widerkehre rufe ich sie – Werden Sie mir erneut folgen?
Egal
11^{02} / (ruhig mal `ne Zeitangabe einschieben) /
Galgenbäume stehen niedergebeugt Spalier. Lebensbringenden Tod der E-Werke über Land führend: meine verrosteten Freunde – alleingelassen inmitten fruchtbarer Auen / Felder / Weiden / Wiesen, Thäler/ ich

---

24 Ich hatte nicht „meinen Rilke" im Tornister. Aus dieser Zeit stammt nur die Gitarre meines Urgroßvaters, die Verdun überlebte – wohl aber ein gelbes Reclam-Heftchen: GOETHEs „Die Leiden des jungen Werthers"

bin nicht glücklich / ich bin nicht traurig; nur ein wohliges
Gefühl der Leere füllt mein Herz – bereit, das
Kommende / transhorizontale / / auf§...

...§ Schaffner emsig lächelnd
knipst die Ausweise von
nu*n*meer-i*rr*ten Fahr
(Gästen) -   :
Meine Nummer: 181258Z2016 oder ähnlich? (glaub ich)
Alles was wa*H*r verschwindet hinter dem Berg dort,
wo sich die Schienen am Horizont küssen und auf ewig
lieben – es gibt nun mehr nur noch den Blick vor-raus.!:
Auch die Erinnerung an das Gute wird verblassen –
Schade – vielleicht nicht / hoffentlich nicht, damit ich
auch das Schlechte vergessen kann.
Mein lieber treuer Freund
Es will nun nichts mehr aus mir heraus (momentan) –
keine Gedanken drängen mehr nach. Ich will jetzt fürs
(Vor)erste die Bilder auf mich einwirken lassen / Ach
Wilhelm! Werden wir uns wieder sehen!

15^{20}Uhr

gerade angekommen
öde Leere auf den Zimmern
-
Scheiße ist das !

Erster Abend:
Zimmer fast komplett (8-Bett-Zimmer):
nun sieben `Mann´:
1) Holger
2) Jürgen   bisher gaanz gut – hab meine
3) Clemens   Ruhe – nette Leute / nur!: Jür-
4) ?   gen aus Baden Württtemberg
5) ?   (würtenberg) oder so will sich
6) ?   hervortun ....
7) Ich
ein Bett ist noch frei (!!)
Blödes Warten – Un   gewiss   heit – kurz vor sieben,
wissen nicht, was noch zu tun / Blödsinn / `habe Kopf-
schmerzen / möchte am Liebsten ins Bett – wohlige
Wärme: schlafen
noch 456 Tage !

147

draußen:
glebrig flößt der Himmelssperma auf feuchte Zähne
stumpfer Asphaltspiegel
herab
Müdigkeit der Natur strömt durchs helle Gähnen der
Scheibenfenster – Neonwürmer kleben an der Decke –
winden sich durch weißgetünchte Staatsdisziplin; das
Gesetz der Schwerkraft: §Gehen und Spielen auf der
Decke des Zimmers]"der Stube"! Bw-Jargon schöön[
verboten!!! Zuwiderhandlungen werden bestra§t; durch
Herabstürzen aufs hölzerne Bohnerwachsparkett der
Realität.
„ausgang bis neun!"
                    wohin?
„ausgang bis neun im kasernenbereich!"
                    wohin?
„um neun wieder im block!"
                    was?
                    Dann?
Das Gleiche wie Jetzt ?!?!? Wir:
schon jetzt verschworene Gemein-Schaft: Ordnung!:
Eine Stunde vor „Zapfenstreich" wird das Rauchen
eingestellt!
+   zwei Raucher
-          Nicht-Raucher   `Oh himmlische Ordnung!´

orgasmes Seufzen blauer Lungenkrebse in
stummen Tiefen roter Kapillargefäße / …. /
besser konnte ich es nicht erwischen !!?!
Solidarität – gegenseitige Hilfe und Rücksicht-
nahme …….
                    aus
                        Einsicht (!)
prima
                `Oh himmlische Ordnung
                                ungewollter
                                Anarchisten

Meine Nummer lautet: 181258 Z 2061<u>5</u>

Die Hauptsache

Wir schreiten schneller voran
als wir es verkraften
Doch langsamer wäre uns nicht
angemessen
und Hauptsache
wir machen überhaupt Schritte
und nichts andres darf zählen
dennoch hoffe ich
daß ich
meine Schritte auf mich lenke
und bei mir ankomme
Daß die Möglichkeit des Fortgangs
erst zugelassen werden muß
damit wir losgehen
ankommen
können
schmerzt den Bauch
        die Hand
        die Stirn

        vom Herz
        ganz zu schweigen

Teil 2

Das Recht, sich zu (ver(w))irren

Iphigenie im Elysium[25]

Deiner Tränen
Sorgenmeer.

Regenbogen,
Taubeglänzt,

Kosmos Weite,
Unbegrenzt,

Bunte Farben
Allumhier

- Weite Fluren -

Goldne Garben
Stehen Trutzig
Dir Spalier.

Dieses Gottesreich
Betreten, Steh
Ich – *trunken gar* -
Am Eingang Noch.

Deiner Tränen
Süßes Klagen.

Deiner Wehmut
Bittrer Schmerz.

Hierfür Möcht Ich
Doppelt Sterben -

denn erfüllt ist
all mein sehnen
nach deiner liebe
deinem herz

---

25 Und immer wieder ein gelbes Reclamheft; manches getauscht mit
Wolfgang Zeitler (auch andere hatten, wenn schon keinen Rilke,
so doch ihren Reclam) Diese rohe `Soldateska´ war gar nicht so
roh.

151

Traum(Italienische)Reise[26]

Sonne wärmt uns
Fahrtwind kühlt mich
Am Strande verweilen
Alle Sorgen vergessend
Geborgen und warm
Hungrig und satt
Die Sonne im Zenit
Spendet Schatten und
Abends verschwindet der
Mond im Meer
Zwingt die Wellen an Land
Die uns betäuben
Unsere Lungen reinigen
Morgens steigt der Dunst
Der Sorgen wieder aus dem Meer
Doch bestrahlt von der Sonne
Und klar und
Steigen weiter und
Werden gelöst
Weil ich es so will
Lösen sich auf
Wie der Nebel beim
Wachsen des Tages

---

26 Und immer wieder Reclam
    Reise erträumt nur – tatsächlich hingereist viel später erst

streckenweise heiter

laufen lernen will ich
und recht bald
und endlich endlich frei leben
frei von angst
verlassen zu werden
und diese gewissheit will ich
aus mir selbst gewinnen
dich dazu nicht brauchen
vielleicht wird es angenehm
wenn du mir streckenweise
hilfst
und vielleicht wird es
dadurch auch tatsächlich
besser und schneller gehen
doch will ich das nicht
notwendig brauchen
denn ich mißtraue mir selbst
zu tief
verspüre ich in mir
die sehnsucht
gestützt zu werden

Eifer   Sucht

„Nur, wer sich satt essen kann,

dem ist egal,

wie viel andere

essen."

Solange Du mir deine Milch

verweigerst,

frage ich

mich

bei jeder Zuwendung

zu anderen:

warum mit ihnen,

wenn nicht mit mir?!

Selbstbetrug

Mich ihr ganz öffnen

will ich

Sie in ihrer nacktesten Blöße

sehen und fühlen

will ich

Wissen, daß ich genauso

fortgehen kann

wie sie

und

es dann doch nicht

tun

das will ich

?

Bis zum Himmel

Dreh dich noch nicht um

Auch ich will fallen

Bis zum Himmel

Leicht sein wie du im

Augenblick der Auflösung

So liege ich wach

Die ganze Nacht

Und nur den Druck

Kann ich ablassen

Die Anspannung bleibt

Und mit ihr kamen

Ängste und ein

Racheplan

... so unsagbar allein

In der Finsternis,

Nachts, nachdem ich

Den Zigarettendunst

Sämtlicher Kneipen

Eingesogen, dich zu finden,

Nach Hause zu kommen

Und die Gänge dunkel

Vorzufinden;

Nicht deinen Geruch athmen zu

Können: im Flur

im Bad

in deinen

weder

meinen Wänden

Schmerzt und ich fühle mich ...

Konjunktiv

Wenn Du ein Schmetterling wärst,
Würde ich mein Netz verbrennen.

Ich setzte mich auf deine Wiese;
Streckte den kleinen Finger aus
Und wäre glücklich, wenn es dir
Einfiele, ein wenig nur, auf ihm zu
Verweilen.

Zum Glück

Ich wollte Dich in Watte packen;

das ging nicht - zum Glück!

Ich wollte Dich nur noch mit

Samthandschuhen anpacken;

das ging nicht - zum Glück!

Ich will Deine Umrisse erkennen

und Dich berühren, ohne Dir wehzutun,

Dich berühren, daß Du mich spürst;

das wird gehen - zum Glück!

f i l i g r a n

Wer das Schöne will

muß die Häßlichkeit

der Raupe ertragen

Die Larve durchschauen

das

heißt bereit sein, die

filigrane Zartheit des Falters

annehmen zu können

und sie beschützen

zu wollen

nicht jedoch

durch die einkerkernde

Wölbung der Faust

Nur noch eine Erinnerung

Wie glücklich war ich

Im vergangenen Jahr

Jetzt kommt mir die

Erinnerung an das Unglück

wider in den Sinn

Und heute scheint es nicht besser

Alles Glück zerrann mir

Zwischen den Händen, als

Du dich auf immer entzogst.

Lebensbedrohend warst Du, als

Du nah warst

Tödlich würdest Du, wenn

meine Gedanken ich wieder zu

Dir lenkte

Falterschönheit[27]

Robert traf sie unter den Zweigen der

Trauerweide. Lang schon hatte

er nach ihr gesucht.

Doch würde er auch die Raupe

ertragen können, da

er doch die Falterschönheit

wollte ? .....

---

27   Statt des Rilke im Tornister auch mal den Hesse im Sturmgepäck

Weil

Ich liebe dich
und wieder neu
liebe ich dich
weil
ich liebe mich
doch
liebe ich _____

altes Reclam-Heftchen erneut gelesen[28]

„...Wie viel Elend über die Welt kommen
    mußte, damit sie glücklich würden..."

Es stand eine Kathedrale im Lande Chili,
Die hatte Türme und Erker viele.
Der Bischof wollte Gottes Gebot verwalten,
Setzte der Liebe durch Moral feste Schranken.
Gott mißfiel dies und verärgert über diesen kalten
Bischof ließ er die Erde Chilis wanken.

Zwei Liebende sind dem Unglück entronnen,
Haben in Chili ein neues glücklich´ Leben begonnen.
Ein Leben ohne Kathedrale und `Moral´,
Ein Leben voll Liebe und Glück;
Dies Leben ist nicht kalt noch kahl.
Komm auch Du – Schau nicht zurück!

---

28   Zu Heinrich von Kleist: Das Erdbeben in Chili

Durch Hollywood geprägte Vorstellung

In der Nacht vor der Hochzeitsreise fragte
er sie:

„Wird es Dir in Venedig auch gefallen?"

„Ich weiß nicht", antwortete sie.

Die ganze Nacht über lag er wach.

Wenn

sie sich
selbst
gemocht
       hätte,

       hätte
       sie ihm
       bestimmt
       gefallen
können.

Der kurze Sommer der Anarchie[29]

Die Freiheit ist ein seltsam Ding,
vergleichbar mit `nem Loch.

Je mehr man reinstopft an Gesetzen,
das Loch allmähl´ verschwind´.

Nimmt man sie weg dagegen, dann
zum Entsetzen?
die wahre Freiheit kommt heraus.

---

29 Ein kurzes Gedicht mit 8 Versen – brachte mir 2 Stunden Disput
    mit dem Spieß, der den GvD (mich) beim Lesen von Hans
    Magnus Enzensberger: Der kurze Sommer der Anarchie ertappte.
    Dieses eine Reizwort verwehrte ihm 118 Minuten lang die
    Einsicht, dass H.M.E. die alles regulierende kommunistische
    Internationale aus der Sicht der spanischen Anarchisten genauso
    ablehnte wie er. Als dann diese Einsicht kam, rechnete ich es ihm
    so hoch an, dass ich ihm von zu Hause die Nürnberger Elisen-
    Lebkuchen meiner Eltern mitbrachte, die er so liebte. Dass die
    internationalen Brigaden insgesamt vielleicht doch für eine ge-
    rechtere Idee gekämpft hatten, dazu ließ er sich nicht überreden.

Perry Rhodan II

auf

ferne

         Welten

      locken
    Paradiese
  der Fantasy

Perry Rhodan III

auf

fernen

Welten

locken
Paradiese
der Fantasy

Perry Rhodan IV

In meinen Träumen: Kämpfen für eine

gerechte Sache.

Jedes Erwachen: Eine Niederlage.

Feldgottesdienst[30]

Wo soll ich mich hinwenden
mit meiner Liebe Schmerz?
All Freud ist mir entschwunden,
gar kalt wird mir ums Herz.

Ich sehne mich nach Liebe
aus deiner zarten Hand.
Des Frühlings zarte Triebe -
mach sie zum festen Band!

Ach! Wenn Du dann mein Streben
erstmal erwidert hast,
dringt Sonne in mein Leben -
vom Herz fällt ab die Last.

---

30 Gesungen wurde nicht Hannes Waders:
Wo soll ich mich hinwenden in dieser schlechten Zeit
Sondern stattdessen: Franz Schuberts
Wohin soll ich mich wenden,
wenn Gram und Schmerz mich drücken?
Wem künd ich mein Entzücken,
wenn freudig pocht mein Herz?
Zu Dir, zu Dir, o Vater,
komm ich in Freud und Leiden;
du sendest ja die Freuden,
Du heilest jeden Schmerz.

Der Schlüssel[31]

Wohin ich auch blicke,
Wohin ich auch schau,
Die Mauer steht trutzig
Im schmutzigen Grau.

Sie zu durchbrechen,
Zerschlagen das Tor,
Kommet recht schwerlich -
Sehr schwierig mir vor.

Die Tore bestehn aus
Erz und Metall
Mein Pochen und Klopfen
Bringt sie nicht zu Fall.

Gib Du mir den Schlüssel,
Und ich bin befreit -
Zum Durchbrechen der Pforten
Bin ich lang´schon bereit!

---

31 Der Feldgottesdienst wurde dankenswerterweise beschlossen mit
    „Ein feste Burg ist unser Gott"

Frohe Zeilen

In deinen Tränen[32] sah ich klar
Des Kosmos Weite wunderbar!

Und muß ich dereinst wirklich fort -
Hinweg an jenen düstren Ort,

So werd ich tapfer, sicher gehen -
Denn ich hab dich einmal weinen sehn.

Wer solchen Lohn jemals erhält,
scheidet beruhigt von dieser Welt ?

---

32 Eintrag im Tagebuch hierzu:
„Wir zählten die Tränen auf dem Kruzifix des Standortpfarrers
und konnten uns nicht über die korrekte Zahl einigen.
In Bayern hingegen kann man sehen, ob eine Gemeinde reich
oder arm ist. Die Erstere hat einen Viernagler hängen, die Letztere
nur einen Dreinagler."

Jesus mein

Sie ist wohl geöffnet
Die Pforte
Die mich von dir trennte
Doch ist auch sie
Die Mauer durchbrochen
Niedergerissen diese Barriere
Aus falscher Angst
Falscher Moral und den
Eigenen Komplexen
Die es mir verwehrte
Mich dir zu öffnen

Nun ist sie offen
Die Tür zu deinem
Oder
War es nur zu meinem Herzen

Wie unendlich leicht ist es
Nun in meinem Inneren
Die Lasten
Die mich in den letzten Zeiten
Betrübten
Habe ich nun abgeworfen

Je froher ich darüber werde
Desto größer wird meine Angst
Dies alles
Könnte nur ein einziger
Großer Selbstbetrug sein

Denn
Gabst Du mir wirklich den Schlüssel
Oder war es nur eine
Automatisch ablaufende
Handlung

Doch dies ist nicht meine Angst
Ich habe viel mehr Angst
Daß dies alles
So wie alle Liebe auf der Welt

Sich letztendlich als
Selbsttäuschung
Illusion entpuppen könnte

Ich habe Angst
Daß sich die Liebe zu dir
Als ein Übertünchen der eigenen
Und ja auch wirklich vorhandenen
Schwäche
Herausstellen könnte
Als Ventil für selbstverschuldete
Oder besser (gesagt)
Für selbsterzeugte
Komplexe

Gib Du mir die Kraft
Diese Zweifel zu überwinden
Und
Falls sie sich bewahrheiten sollten
Ihre Bestätigung zu ertragen
Um nicht
An ihnen zu zerbrechen

Gib Du mir die Kraft
Meine Rolle abzulegen
Daß alle meine
Wahre Identität erkennen und
Erfahren können

Ich glaube
Es auf diese Art und Weise zu tun
Ist der wahre Weg

Ist er es nicht
Sollte es geschehen
So verzeih mir bitte
Daß ich es nicht
Vorher habe erkennen können

Auch ich bin nur ein Mensch
Und Mensch bin ich
Weil ich zu lieben glaube

Endlich

Wo sollt ich mich hinwenden
mit meiner Liebe Schmerz?
All Freud ward mir entschwunden,
gar kalt ward mir ums Herz

Ich sehnte mich nach Liebe
aus deiner zarten Hand.
Der Sehnsucht zarte Trieb -
flochst Du zum ewig Band!

Ach! Da Du nun mein Streben
endlich erwidert hast,
drang Sonne in mein Leben
vom Herz fiel ab die Last.

Kreuzweg

Gegen wen
kann ich
mich entscheiden?

Wenn ich
das wüsste,
könnte ich mich
für jemanden
entschließen.

Doch das ist der falsche Weg,
denn er würde
mich nicht vor
den Schatten Anderer
bewahren.

Ich selbst nur
bin der Erste.

Für den Zweiten
entscheide ich mich
immer auch gegen den
Dritten.

Der Dritte
kann auch
der Zweite
       werden.

Jetzt aber aufgewacht! Träumst Du von Jemandem
oder von möglichen Waldwegen. Falls davon, dann
nimm den weniger ausgetretenen. Falls von Menschen
lieber nicht.

Unter jedem Dach ein Ach[33]

Ich möchte mich verlieben,
Um nicht auf die Einsamkeit
Mit mir zu stoßen.

Ach,
Wäre es damit doch getan!

Ich stürzte mich
In einen
Liebestaumel.

---

33 Gemeint ist natürlich die Sinnierhaube von Daniel Düsentrieb mit
den Sinniervögeln im Nest auf dem Schornstein

**Dein Brief in
meiner Hand**

Dein Brief in
Meiner Hand -
Bist Du´s ?
In meinen Augen
Dein Gesicht:
Deiner Zeilen
Süßes Klagen.
Keine Locken ?
Kurzes   Haar ?
Bist Du
Mir   doch
Noch un -
bekannt   -
Doch fahr ich
Heim/ob fahr
Ich fort -
Dein Brief in
Meiner Hand -
Kühlt mir
Mein fröstelnd
Herz

Meeressinfonie

Lass uns ernten

Du, Auster, wollust dich
auf den Unter
wasserweiden;

Noch streicht kühle
Meeressinfonie über
die Ruhe deines Da
seins.

Deine Perle jungfräut
sich
ihres eigen Lebens
              Seelen
              Schmerz.

Die Perle ist das Glück!

Um glücklich
zu sein,
muß mann
seine
Auster brechen !

Gedicht an die SOnne

Sonne !

Küss mit deinen

lebensbringenden Strahlen

die

wehmuts – roten

Liebesblätter

dornenbewehrter

Rosenschönheiten !

An den Hängen der Eisenbahn[34]

An den Hängen der Eisenbahn
leuchtet der Ginster
sooo
grün?

Unsere Liebe – währt sooo lang -
und
schrei sie laut
in
die Welt des
Schweigens!

Die Löcher des Gitters
das mich in
dir Gefangen hält -
sind hell
        tief
und
        alles, was
                ich dir geben kann.

---

34 Montage zu Joachim Ringelnatz

Feierliches Gelöbnis

Keine Gedanken zum feierlichen Gelöbnis

      ?

Ich gelobe,
        der Bundesrepublik Deutschland
          „ Bundesrepublik   (D)
          „ BRD
          „ BR Deutschland
          „ Bundesrepublik
TREU
      zu DIENEN
UND
      das RECHT
      DAS recht
und
      die FRE§HE§T
      DIE freiheit
des
      deutschen Volkes
      Deutschen volkes
      deutschen VOLKES

T   A   P   F   E   R

    zu
      verteidigen
       verteidigen
        verteidigen
         verteidigen
          verteidigen
           v erteidigen verteiddigen
            vrteig iden veteidgnenedetei
           etidgenndgvertidinendgievenerten
         ideneteidgnenedeteieidveigendenigend
     etidgenndgvertidinendgievenertenvrteigidge
idenveteidgnenedeteietidgenndgvertidinedegihrtv
degihrtvdeghirtvdeghirtvdeghirtvdeghirtvdeghirtvdegi
       d   e   g   h   i   r   e   t   v   i   e

Gedanken Gänge einer Puppe

„s´wird Zeit – Verpflichtung! Für mich, - den Menschen in ihren Ohrenschmieden zu bohren. - Platz und Helle schaffen für die Octavenphlut der Kachelhöhlen – deren Echo ehern hallt / Ähem ... auf geht's – äaähalso: tja aaa
``aaaals das Wünschen noch geholfen hatte ..... in jener vergangenen Zeit, die man so oft und gerne die goldene nennt / nannte / lebte ein junges Mädchen, da? / das / ? - waHr soooo arm, daß es nicht mehr besaß, als das Hemd,´´ - fällt mir nichts Gutes ein, mach ich mir Vorwürfe -, daß mir eben nichts eingefallen ist -``das sie am LAibe trug, einen Kanten harten Brotes und ´´ fällt mir was .... Gutes zu, vergesse ich es meistens, bis ich Gelegenheit habe, es aufzuschreiben / oder ich glaube, es aufzuschreiben würde sich nicht lohnen! - und dann mach ich mir Vorwürfe, es / wenn es doch gut war (oder nicht) ?.!?! / (eben) nicht aufgeschrieben zu haben ....
Doch;,!:..... ``Als das Wünschen noch geholfen hat(te), lebten nur (noch) ungeborene Menschen / liebestrunken, sehnsuchtsvoll im wohlbehüteten MutterlAibsdunkel; auf das Erblicken IHRER Welt sehnend´´ §seufz§ (haha)
Ach
Holzbock – Buchdrucker müSSte man sein !!!!! "

Allein

Allein -

Die Küchenuhr schlägt
den hölzernen Takt auf
RotWeinPfützen
deines Küchentisches
Kachelöfen dampfen
satt
nicht hungrig
der Holzwurm strickt so
heimisch im
Buchdruckgeäst
GroSSkäppchens
Rotmutterstube
Ich bin wieder
allein -
der Wasserhahn kraeht sein
Leid in den
Ozean des Abwaschwassers -
was bleibt
sind
Teller
die eben
noch
deine Lippen küssten.

EnDfremdung[35]

Da liegen also zwei geräucherte Makrelen auf dem Küchentisch.
Gabelzerdrückend schwimmt das tacktak der Küchenuhr über die Plastikdecke des Küchentisches.
    Doch die beiden Laiber werden heut wohl nicht meer verspeist werden. - Nein, heut´ nicht Meehr.
Die Uhr, - wen wundert´s - fischt noch immer das Treibholz der Minuten aus dem Mehr der Stunden und auch die Weinflasche steht sicherlich (bestimmt!) noch; der Korkenzieher schläft griffbereit daneben.
    „Warum bin ich nicht geblieben?" Wein´!: heut wird den Wein niemand meertrinken ....

---

35 Arbeitstitel im Zettelkasten: „En*D*?Fremdung -w*l*der einmal"

wenn nicht mehr zahlen und figuren[36]

wenn ich abends durch das fenster gitter´, seh
ich bisweilen, zwischen den tiefen straßenzügen
des mauerwerkes – die schnecke.
durch leere avenuen ziehen. jeden tag schafft sie
eine gute elle weges nach oben – nachts rutscht
sie auf der eigenen spur eine halbe nach unten
und beginnt am nächsten morgen den langen
marsch von einer straßenkreuzung aus, die sie
bereits am vortage her kennt, aufs neue
  nur noch ein paar – einige wenige ellen (die
strecke ist wirklich nicht mehr lang) liegen bis
zum ueberwinden der mauer noch vor ihr.
  bald
vielleicht morgen schon – bestimmt aber noch
nächste woche wird sie die kante ueberschreiten.
doch nie
  niemals wird sie ihr ziel erreichen! denn
des nachts streichen die lichtkeulen des
gesetzes suchend über die senkrechte stadt, in
deren verlassenen straßenzügen die schnecke
sich duckt
  bald
viel   leicht heute schon
wird das spähende auge des großen vogels ihr
haus erpicken
  bald
  schon
  wenn nicht heute, dann doch morgen,
  nächste woche bestimmt!
In meiner zelle streicht ein leichter, mich fröstelnd
machender luftzug durch den raum, wenn später
das licht verlöscht und die klaren arme des
ge§etze§ schattenbilder mir durch die gitter
träumen.
     wenn nicht heute,
     dann doch morgen
     nächste woche
     jedoch bestimmt
     nächste woche bestimmt

---

36 Guter alter NOVALIS – auch in Gelb – auch im „Tornister“

Fortschritt

Zur Zeit der Mystik flog ich dir zu
Hang an deinen Lippen
Deinem Redefluss
Der für mich überschäumte
In den ich Wein goß
Der sich gierig mischte mit
Deinem Nass
Lange danach noch
Und deinem Wasser dürstete nach
Wein
Heute schreckt mich deine Rede
Weil
Sie nicht für mich bestimmt
Du zu dir selber sprichst
Nein
Monologe hälst vor den stolzen Augen
Deines Spiegelbildes
Das dir wohlwollend
Auf die Schultern klopft
Ob deines Fortschritts
Mit dem Du
fortschreitest und
fortschreitest und
fortschreitest und
fortschreitest und
fortschreitest und
fort
    passe auf   rechtzeitig

Früher gings damit zum Beichtvater.

Der spiegelte auch
Aber wider
Und nicht
Wieder

Tidenmond

Du bist wie der Mond,

der sich

dem Auge entzieht -

abnehmend,

oder aber zunimmt -

das Auge beschenkt.

Doch ich will nicht sein mehr

wie das Meer, das die

Erde umläuft in ewiger

Flut, dir nah zu sein.

Wenn Du dich entzogen hast,

ist es an dir,

dich wieder zu nähern!

Wenn wieder Zahlen und Figuren

Alles Erahnte in Jahren

wird erkannt und gedacht in

Monaten

wird gefühlt in Wochen

wird erhört in Tagen

Bei mir anzukommen dauert

einen Blick lang nur

Ich bin stark und werde noch schneller

objektiv betrachtet

Eine Schönheit bist Du wirklich nicht.

Nur, weil ich es aus eigener Angst,

verlassen zu sein,

bisher,

es nicht wagte,

dir zu sagen,

was mir an dir

mißfällt

und dieses auch auszusprechen,

ist all das,

was ich dir sagte,

was mir an dir

gefällt,

nicht gelogen:

Du bist schön – ObjekTief !

zerbrochener kreislauf

Gespür und Gefühl
Klarheit und Wissen
Suche ist Finden
Für Dich ist ein Platz da
Weil ich angefangen habe
Mir selbst Raum zu schaffen
Der Bart stoppelt noch
Störend beim Liebes
Spiel
Rasier ich mich nicht oft
Genug
Oder wächst er
Zu schnell
  ?
  (!)
) (
) . (

    .

    !

    .

    .

    .
  ?

  ?!
 ?!?!?
?!!??!??
!!??!?!??   [37]

---

37 Mit meiner kleinen Reiseschreibmaschine konnte man noch das
    eingespannte Papier bei loser Trommel hin und herdrehen, so dass
    der Abfallhaufen aus Frage- und Ausrufezeichen schön
    durcheinander kreuz und quer wie hingestreut und
    liegengeblieben aussah – mit dem Rechner schwerlich
    umzusetzen.

Karl May Landschaft

berauschend wie Thau

geschlürft von vergessenen

Schlehen

Dein Blick

ein Kuß

Du :   blau

                                         tief

                                         dunkel

und vor allem

                                         fruchtig

Karl May Landschaft

Sitara und der Weg dorthin

in die

LEndlichkeit

                                         Kühe in

                                         Halbtrauer

                                         stehen rum

                                         und käuen

                                         w/der

heimisch wo

Fern von dir ist mir kalt
und gerade heute möchte ich
mich zurückziehen
Doch bin ich dort
wo ich mit dir war
heimischer
als hier
wo ich jetzt alleine bin
Schön war´s
was wir gemeinsam sahen
und schön wird's sein
mit oder ohne dir
die Welt zu sehen
Gleich
was kommt
Einsamkeit
Freude
Trauer
Wohlsein
Eigensinn
IchDuWirAndere

Wochenend Bereitschafts Dienst

Auf sich allein gestellt
Werden die Tage lang
Nicht langweilig
Ich bin erschlagen
Den ganzen Tag ungewohnte
Routine
=
Nicht-Aktivität
Danach Träume
Und tatsächlich zu wenig
Gegessen
Nicht wieder sehne ich mich
Nach Ablenkung
In den Händen aber steht nichts
Alles ist nur in uns zu lesen
Wer hat es bloß geschrieben
Da ist die Beziehungslinie
Unter
      brochen
Ich Idiot
Wie konnte ich
Bloß hoffen
?

Das Wichtigste

Bei allem Fortschritt habe ich Angst, daß wir uns nicht mehr berühren und da auch dies ein Wollen von mir ist, nützt es mir nichts, mir beständig vor Augen zu halten, daß es das Wichtigste sei, auf sich selbst zu stoßen oder muß es heißen „nutzt es mir nichts"? Oder „nicht"?

neunzehnhundertneunundsiebzig

keineillusionmehr !

keinwollenmehr !

bestimmtegefühle !

zuempfinden !

nurnochwollen !

selbstzusein

zusein !

unddas !

Intensiv !

undgegenwärtig !

Lust

Wenn ich wieder
Lust habe
werde ich mir mein Recht
nehmen
Leben heißt sich sein Recht
nehmen auf Lust
denn
Lust ist die Vereinigung
von Bewegung und Frieden
in Lust
sie bedingt Ausdruck
dessen Form ist vorerst
zweitrangig
nur
die Lust darf nicht & nie
wieder aus den
Augen verschwinden
für Jahre
    Monate
       Wochen
          nicht 1 Tag nur

Blick in den Spiegel III

Keine

Hoffnung

Auf

Gefühle

?

Jammer

Doch

!

Blick in den Spiegel IV

Du sanfter Blick
wie selten seh
ich dich

Aber er ist immer
da
auch wenn es
nicht so scheint

Nur die Angst
läßt die Abweisung
so erstarken

Und die muß
dann
böse blicken

Wie schwer geht das
mit diesen Augen

Du sanfter Blick
beständig seh
ich dich

frühes Gedicht

Nie hatt´ ich solch innigsten
Kontakt zu einem Menschen gehabt
wie zu dir.
Nie zuvor verspürte ich die
Nähe einer Frau, die so schön ist
wie Du und die mir so vollkommen
erschien, wie Du bist.
Die ich so liebte,wie ich
dich zu lieben glaubte.
Ich verzweifle, wenn ich
denke, dies alles verlieren
zu sollen.
Und das ist unausweichlich:
Es nutzt mir nichts, Freiheiten
zu erstreben, wenn ich an einen
Menschen gerate,
dessen Liebe mir ein genügend
hoher Preis zu sein scheint,
 all das
aufzugeben.
Das waHr früher fürwaHr;
erwacht
und grade noch die Kurve gekriegt.

Ausgang nach Pinneberg

Im Café
In welchem Tempus schreiben?
Von der Gegenwärtigkeit der
Kühle
der Musik und der Luft,:
was mich umströmt,
mich lähmt: Die Unbeweglichkeit
des .... (Aphasie)
.... Ventilators,
der sich tapfer müht:
mich ziehts im Rücken und nach
Hause, doch
hier bin ich entronnen – fern
der Falle der heimLischen
Stube
und so bleibe ich beunruhigt
sitzen, kann lachen über die
Penetranz der Fliege
rechterarms (Ober- zunächst, dann
auch: Unter-).
Das Lichtgescheib vorbei -
huschender Busse
teilt die Zeit in Fächer.
In den Pausen dazwischen
trauert mein Cinemaskopblick
(froh über das notdürftige
Blinken newwaviger Neonlichter).
Der Geländeranstrich
puddingt zum Reinbeißen – Mhm!:
Schoko mit Sahne verrührt,
jetzt `n Freundschaftsbecher!
Aber ich bin allein;
Ich äße ihn auch allein, wenn
nicht die Fliege regt mich jetzt
aber doch
auf!

Fanal

tief gefallen kann
mich nichts mehr
schrecken so stark,
daß ich verlöre
mein Ziel aus
den Augen: dich
vor Entsetzen.
Denn ich spüre
dich ja in
meinem Innersten
und sehe dich
leuchten
mit geschlossenen Augen.
Denn du hast mich
entzündet, weil
du so hell
strahlst.

Sich stellen

Als wir zu zerbrechen drohten,
sah ich, wie sehr ich dich liebte,

als ich dich nicht verlieren wollte,
nur weil ich zu schwach war,
aufzuhören, uns zu würgen.

So kam ich zur freien Erfüllung
meines Wollens.

Und
als ich es gar nicht mehr
erwartete und fast   (gerade erst
                          wahrhaft aufgebrochen)
fast schon aufgeben wollte,

da tratest du auf mich zu,
 unverhofft, und ich erkannte dich
und deine Liebe und meine Liebe
und mich.

Kausalketten

Ich	Ich
liebe	brauche
dich	dich
weil	weil
ich	ich
dich	dich
brauche	liebe
das	das
will	ist
ich	die
nicht	reife
	Liebe
	die
	ich
	will

Sprachnot

Deine Sprache
Macht mir Angst
vor meinen eigenst
aufgebauten Mauern
die niederzureißen ich nicht
wage – noch nicht – weil
ich einmal erlebt habe
den Ausblick
in die Weite
des blühenden Frühlings
als Anstarren blumiger
Tapeten – nachts heimlich
übers Mauerwerk
gekleistert

Trotzalledemundalledem:
SprachNot
besteht nicht mehr
in dem Augen
Blick,
in dem die
Bilder aus dem Inneren heraus
entstehen und ehrlich,
keine Um
Schreibung mehr,
sind ....

Außer Athem

Ich bin deine Nähe geflohen

und fliehe die Einsamkeit

meiner Liebe zu dir

Außer Athem lasse ich mich

fallen

in die Arme einer Göttin

doch kaum ausgeruht zerschlage ich

die Säulen des Tempels der

mich über Nacht einschloss

in deine Träume

Wäre ich doch nicht erwacht

So muß ich weiter hasten

zu deiner Silhouette im

Birkenbruch
                    Sch
Kein kühlender   atten

nur **schwarze** Träume

auf weißer Borke

Hier die fehlenden

Satzzeichen ....,,,,,,,,,

In meinen Träumen

In meinen Träumen

sehe ich sie

neben mir gehen

Ihre Nähe läßt mich ruhig

schlafen

denn ich flieg fort im Traum

Dort ist sie knapp

größer als ich

Sigmund

tue deine Pflicht

Engelshexen

Es gibt keine Stufen der Nähe

Nur

Rolltreppen – Expresslifte

Der Ferne

Schiebetüren zu und ab die Post

Zum Licht der Penthouser

Neonbestrahlt in der Isolation

Des Andrucks

Verhaftet der Schwere

Dannoch

I

Ich liebte dich

Wirklich

Doch unsere Wege

Wichen voneinander

Da

    die nahe / erneute

Kreuzung wa*hr* noch

Hinter den Hügeln

      verborgen

II

Ich liebte dich

Wirklich

Doch unsere Wege

Überkreuzten sich

Als

    ich in Ängsten verfangen

Die falsche Richtung

Zu wählen

Das traf dadurch erst ein

III

Ich liebte dich

Wirklich

Doch unsere Wege

Überkreuzten sich

Nur

    momentelang

Wir beschritten sie weiter

In unsere eigene

      Richtung

IV

Ich liebte dich

Wirklich

Unsere Wege

Überkreuzten sich

Dann

 und wann

Ich traf dich aber

Auch

 abseits aller Straßen

Wohin ich gehe

Ist klar

V

Ich liebte dich

Wirklich

Doch unsere Spuren

Überkreuzen sich erst

Da

    meine vom

Nachtschnee

Längst schon wieder

Verschneit

Ich bleibe nicht

        stehen

Auf dich zu

    warten

VI

Ich will keinen Winter mehr der Hoffnung.
Dieses Sehnen hätte kein Ende. Ich will
aber Erfüllung. Die besaßen wir für diese
Handvoll Stunden: Eine Ewigkeit. Wem
diese Zeit nicht ausreicht, ist vermessen.
Ich habe deinen Geschmack auf meiner
Haut. Dein Geruch zwischen meinen
Lippen. Ich sehe dich vor mir mit meinen
Händen, die lagen auf Deiner Brust und
uns war warm.

Auf dem Sofa

Du lagst auf dem Sofa

Im Sessel saß ich

Dein Griff

        trocken und fest

Das sind die Berührungen

nach denen ich sehnte

Schwarzbraun ist die Haselnuß

Rehe haben braune Augen
Und Du?
Die Welt ist weder schwarz
noch weiß.
Deine Iris hat die Mischung,
die den Sinn
begreifen läßt.

Rehe sind scheu.
Das will ich nicht werden,
doch vorsichtig sein,
ohne leise zu
                    sprechen.

Wie verletzlich Du bist
ist uninteressant,
denn die Sorgfalt
uns gegenüber entspringt
meinem Willen,
dir so zart zu
begegnen,
wie Du mir.

Auf der Miste

Mistkäfer trifft Schnecke.

Langsam gleitend kommt sie doch

voran.

Wer ist denn die Unke?

Wen ruft sie?

In wessen Träumen quakt sie?

Was sind Träume beim Harren

gegen die Gewissheit des

langsamen Vorankommens?

Und:

wer auf seinem Misthaufen

wohnen bleibt,

ist selber schuld.

Trotzdem:

Gestank stört mich nicht,

wenn er nur ehrlich ist

und keine Ausdünstung

der Angst.

Hals- und Beinbruch

Unter deiner Haut
Lockt
Die Tiefe deiner Abgründe
In die ich nicht halsbreche
In die ich hinabsteige
Behutsam und tastend
Wenn Du ab & an
Kleine Signale auf den Weg
Streust
Und wenn mein Halt sicherer
Ist
Auch stürmisch & vehement
Gradlinig
Überschwenglich & Stürmisch
Auch im Dunkeln
Und Fallen & Schliddern
Das Wenige
Das ich von dir bisher kenne
Umrisse
Genügt mir als Sicherheit
Die Konturen werden
Nächtlich klarer
Ich vertraue mir
Und bin dadurch
Ehrlich
Wieder vor mir
Und dir keine
Lügen von mir
Reich ist
Daß es dich gibt
Schön
Daß ich dich traf

Der Reigen

Mit dieser wohlgefühlt
Da gewesen

Gefühle wiederholen sich
Personen wechseln

Dadurch nicht abhalten lassen
Mit einem Menschen
Gefühle zu er-leben

Die Schönheit der Gegenwart
Ist Grund genug
Sie zu genießen

Der Hoffnung auf Zukunft
Entsprungen dem Glück
Ist nicht zu mißtraun

Mit Herzblut geschrieben

Bücher mit 7 Siegeln
reizen mich nicht mehr,
sie zu erbrechen
(Lang genug war
  ich selbst eins)
Die Stillung der NeuGier
offenbart hier
lediglich Angst.
Allerorten finden sich
Folianten – mit
Herzblut beschrieben,
deren Seiten sich
lassen bereitwillig
öffnen.
Lesen will ich
nur noch in
solchen.

Bacchus

Ich bin ein Kelch

voll Wein.

Ich verschütte mich

nicht mehr

schlückchenweise.

Wen ich kosten lasse,

` ist reich beschenkt.

Wer zögert,

aus Furcht vor dem Kater,

den Rausch

sich zu nehmen,

bekommt keinen

weiteren Schluck, die

Zweifel zu zerstreuen.

Ich weiß um die

Güte meines Weines.

In dem Tone: Es waren zwei Königskinder

Die Göttin und ihr Herold

doch die Frau

hieß Heró,

Leandros der

Mann;

Der Sonne

      bescheint die

           Mond

und ich

habe aufgehört

zu warten.

Lauf Katze[38]

Dir, die weinen
zu sehen ich nicht
ertragen kann.......
                    Dir...
-
als der un-
bestechlich´ Molochnismus /   jen´
                               ungewollter Tod des
                               Gehirnes
                               im Telegraphenamt
                               uns trennte;
              Da mir das Eis
              des Schweigens
              g`rade
              schmolz.

                               Ich Nicht!-Nein!
                               Nicht erneut
                               ÜberLand-
                                         und
                               Durchnebel
)   leitung
Starke Liebe sollte   die Tränen meines
doch des   grauen Schmelz
Triebes gar   zu ... schickte. (
genügend sein   der Scham
                    und Zurückge-
                    haltung
Und mich vor den   abzuschwörn!
Widrigen zu
              Dir zu bekennen. Verlang es ruhig!-verlang
                               Es nur von mir!
                               Denn:
                               Vielleicht hab ich es noch
                               richtig
                               nicht versucht?!

---

38 Eines der vielen zweiteiligen Kennwörter nach Vergatterung im
   Wachzug. Ein anderes war Sonnen Löwe.

Telephonat – eins der letzten

Wem
soll ich
Was schildern abends,
     11 vor neun, wenn
Li(e)derschwere
durch das Radio wellt ?

Was
soll ich
Wem schildern abends,
     10 vor neun, wenn
ich Gedankenwogen
auswellen ließ im Brief
an dich ?

Wie
soll ich
sicher sein, daß
die Flaschenpost übers
Meer der Tren   nung
an
sichrem Port
ist angelangt ?

Gar nicht -
 ist auch nicht wichtig,
Hauptsache,
der Korken hielt
dicht.

Helm ab zum Gebet

Du
meine Sprache, mein Gebet,
mein Brief – und Weiser auf
dem Weg, der
nimmer enden wird. -

Du
mein Wohin und auch
Woher, wenn ich bedenk´ -
ich weiß´s nicht mehr,
wo
alles enden wird.

Ach
mein einzig Sonnenstrahl
mich
wahrhaft liebend – ferner -
Flammenschein
in dieser Wüste ohne
Wahl
     ich weiß nicht mehr, :
     wo ist das Ziel ?

Ach
was
nutzt mir Stahlhelm,
wenn ich krieg Bauchschuß.

dieganzenjahreschon

Er schaute ihren weißen Mund.

Der gähnte in jener ungeschminkten

Natürlichkeit des ersten Kusses.

Oder war es nur schläfrige Blässe -

nicht nur jetzt in der Frühe,

sondern die ganzen Jahre schon ?

verliebt again

So erträume ich mir
eine Begegnung
mit ihr,

weil im dunkel - & regenNieseln
die Konturen verwischen
und ich
sie mir
herbeisehne;

an jeder Straßenecke
und starre
enttäuscht den Regen Schemen
nach,
die in den Neondschungel
sich End ziehn.

Auf der Titanik

Unsterblich verliebt
- so mein´ich zu sein -
könnte ich meine
Träume hier&heute
nicht aufgeben.

Selbst um den Preis
meiner großen
Liebe nicht,
ohne mich
vor dem Abenteuer
der Ferne
und
'der Gefahr
der Einsamkeit
als blinder Passagier
unter Deck
der Titanik zu
fühlen -
und wäre vor
mir selbst allein.

Abbild

Diesen Mund,

nicht abBildbar,

mit Lippen

einmal nur

berühren !

End Täuschung

Deine Einsamkeit würde
ich
dir gerne nehmen,
aber das geht nicht und
sind auch blOß Sprüche.
Es tut
mir weh,
dich so tief zu verletzen -
das ist alles, was
ich dir sagen
kann, denn viel mehr Mit Leid habe
ich nicht mit
mir,
der nicht schon eher – als sich
Geh-legenheiten zeigten ….....
im Streit ….....
aber damals redete
ich
mir ein,
es hieße Flucht
(& das stimmt ja auch) doch
wir können nicht in
alle Ewigkeit
auf eine
paSS Ende
Gelegenheit warten!

Meines Vaters SCHMEIL Tour I

blau
grünen Segge gleich
bist
süß und wollhaargras
flauschig Du
und auch
und doch
gebrochen, abge   kt,
                    knic
            gepresst
in meinen
Händen.
Herbarisiert
jedoch
wurd nur
das
Sauer
gras

Meines Vaters SCHMEIL Tour II

Du,
mein
Bryophyllum tubiflorum -

Du,
mein
Ranunculus aquatilis -

Du,
meine
Mimosa pudica -

Du,
meine
Salix pentandra -

        Sei
        keine
        Cuscuta europaea -

        nicht
        einmal
        Viscum album !

Ohne Verdacht

Es wird keine Zeit geben
die frei ist von Reibung
und zerstörerischer Berührung
Und wenn wir tatsächlich so weit
sind
daß wir uns nicht mehr in die
Kampfpausen des Glücks flüchten
wollen
in denen die Konflikte
scheinbar fern sind
aber letztlich nur überdeckt werden
von unseren Zuckungen der Umhalsung
dann müssen wir versuchen
dorthin zu kommen
wo die Verletzung durch den anderen
zwar
nach wie vor schmerzt
aber uns das Schöne bewußt wird
an der Tatsache
daß es der Geliebte ist
der die Wunde
reiSSt
Dann werden wir uns umhalsen
ohne Verdacht

Aar

Die Engelsschwingen schnallt´ich ab.
Ihr Silber schmolz ich ein
und kauf mir davon meine
Ration Himbeerbonbons.

In manchen Aufwind dreht´ich meine
Runden, spähte nach Beute
für
den sicheren Horst.

An die Stelle der Waldhänge traten
Schlote und Städte – Flechten
                              wüsten,
die mich in die Höhe hoben,
doch
der Ruß fraß sich ein in meine Lungen.

Meine Kraft dient nunmehr
meinen Füßen,
die mich sicher tragen auf dem
wankenden Grund; der ist unter
                              spült
wie immer – ihn im Fluge
nicht
zu berühren, macht´ihn nicht fester.

Ins Wurzelwerk grab ich mich ein
und rieche
schoßige Erde.

Jetzt endlich BIN ich flügge.

Und hab´ zu verschenken
das große Herz.
Und niemandem zahl´ ich etwas dafür,
denn es gehört mir
doch // denn // und
ich gebe es gerne

Inhaltsverzeichnis

Beim Um- und Aufräumen stieß ich auf meine Kisten und Kartons voller Devotionalien auf dem Dachboden. Ich blieb obligatorisch hängen und durchstöberte sie. Dabei stieß ich auf mein längst verschollen geglaubtes Sudelbuch aus Bundeswehrtagen. Damals, vor nunmehr 40 Jahren, war die Wehr-Pflicht bereits reduziert auf 15 Monate (Ich war ein „W15"). Übersetzt heißt dies doch, die Pflicht, sich zu wehren. Gleichzeitig erinnere ich mich aber, wie jung und zart wir doch waren unter unseren Helmen. Waren wir doch eben auch gerade erst an der Schwelle zur Adoleszenz, so dass diese 15 Monate auch vom Recht in Anspruch genommen wurden, sich zu irren, sich zu verirren und aber auch, sich und andere zu verwirren. Der Trott des Dienstes ließ mir - rückblickend betrachtet: zu viel - Zeit und Muße, meine Gedanken um diese Pflicht und um dieses Recht kreisen zu lassen. Mein liebster Schatz auf Stube war dabei meine alte Reiseschreibmaschine.

Gunther Zahn lebt(e) und/oder arbeitet(e) in:
Hannover, Hohnsen, Hameln, Afferde, Pinneberg, Wunstorf,
Göttingen, Radstadt, Oldenburg, Lingen, Meppen, Thekwane,
Plumtree, Bulawayo, Maun, Johannesburg, Kassel, (Iquitos),
Fulda, Veszprém, Veszprémfajsz, Budapest, Baja, Pécs,
Hohenstein-Ernstthal, Limbach-Oberfronah, Tangermünde,
Hamburg, Hornhausen, Oschersleben, Hadmersleben,
Bad Münder, Salzhemmendorf, Lauenstein, Emmerthal ,
Hunzen, Heyen,
Wüsting

© 2021
Herstellung und Verlag: BoD – Books on Demand, Norderstedt
ISBN: 978-3-7526-2172-3